MIX
Papier | Fördert gute Waldnutzung
FSC® C022120
www.fsc.org

Mineralöl freie Druckfarbe

ISBN 978-3-649-64445-3

Hafenweg 30, 48155 Münster, Germany
Textsammlung: Kreativlektorat Daniela Vogel, Finnentrop
Textsatz & grafische Gestaltung: Thomas Wolters, Internetlitho
Redaktion: Inga Biller

Printed in Slovakia

www.coppenrath.de

Dein Alter ist kaum in Torte zu fassen

Mit Illustrationen
von Kai Würbs

COPPENRATH

Inhalt

Stefan Pinnow

Die Geburtstagskiste

Wie heißt es in dem Lied aus der Sesamstraße? Hätt' ich dich heut' erwartet, hätt' ich Kuchen da, Kuchen da, Kuchen da ...

In Anlehnung an diese Zeilen haben meine Frau und ich vor vielen Jahren eine Kiste eingerichtet mit allerlei Dingen zum Verschenken drin. Für den Fall der Fälle. Dass wir mal spontan eingeladen werden – und spontan ein Geschenk brauchen. Praktisch einen Kuchen, der immer fertig gebacken im Regal steht. Immer bereit, herausgenommen und verschenkt zu werden, wenn man ihn braucht. Nach dem Motto: Hätt' ich heut' erwartet eingeladen zu sein, hätt' ich auch ein Geschenk da ...

Wie gesagt, falls wir mal spontan eingeladen werden. Was so gut wie nie vorkommt. Es ist eher so, dass einer von uns beiden plötzlich große Augen macht und in den Raum hinein fragt:

„Was ist heute für ein Tag?"

„Freitag."

„Dann sind wir heute Abend bei Olli zum Geburtstag eingeladen. Um 8. Wie spät ist es jetzt?"

„Halb 8."

„Oh." Pause. „Und wir brauchen noch ein Geschenk!" Fast immer übrigens ist Judith die, die große Augen macht. Ich kann mir keine Geburtstage merken. Meinen eigenen vielleicht noch. Den meiner Frau schon nicht mehr. Also – ich weiß ihn natürlich. Aber nicht auf Anhieb. Und nicht so genau. Ist es der 11.3.? Oder der 10.3.? Oder war es der 12.3.? Es könnte auch der 4.3. sein. Nein, das ist der Geburtstag ihrer Schwester. Oder hat die am 11.3.?

Ich muss immer eine Weile nachdenken, wenn ich nach dem Datum gefragt werde. Zahlen sind nichts für mich. Die Geburtsdaten unserer Kinder treffe ich. Mit etwa 90-prozentiger Wahrscheinlichkeit. Aber meine Frau gehört zu der Sorte Menschen, die manchmal Sätze sagt wie: „Ist heute der 18. Mai? Dann hat Sarah heute Geburtstag." Wer war jetzt noch mal Sarah, überlege ich. Und schlimmer noch. Meine Frau schiebt dann noch hinterher:

„Mein Gott, die Arme, die wird auch schon 39!"

Woher sie das nun wieder weiß, möchte ich wissen. Und Judiths simple Antwort: Sie ist letztes Jahr 38 geworden, also wird sie dieses Jahr 39.

Woher weiß sie, dass Sarah letztes Jahr ihren 38. Geburtstag gefeiert hat? Weil sie im Jahr davor 37 wurde, vermutlich …

Ab und zu jedenfalls sagt sie so etwas. Wie neulich, als ihr einfiel, dass wir bei Olli eingeladen sind. Ein hervorragender Zeitpunkt für die Geschenke-Kiste.
Die steht in einem Regal im Büro und, wie gesagt, in ihr liegen allerhand Dinge, die sich hervorragend zum Verschenken eignen. Diverse Geschenkbücher zum Beispiel, zwei Frühstücksbrettchen, ein Design-Korkenzieher, ein rosafarbenes Sparschwein aus Porzellan, eine CD-Sammlung mit klassischer Musik, die wir nie gehört haben, ein Boulespiel und noch so dies und das. Das meiste davon haben wir selber irgendwann mal geschenkt bekommen.
Wir entschieden uns für die CDs mit der klassischen Musik. Olli hört gerne Musik. Und eine eingeschweißte CD-Sammlung sieht wenigstens ein bisschen nach einem echten Geschenk aus, also eins, über das man sich zwei, drei Gedanken gemacht hat und das nicht 20 Minuten vorher noch schnell aus einer Kiste gefischt wurde.
Mit Klassik kann man eigentlich nichts falsch machen, meinte meine Frau. Und Olli schenkt uns auch immer bloß irgendeinen Krimskrams. Ich nickte stumm.
„Ich mach mich nur noch schnell fertig, pack du rasch das Geschenk ein", sagte meine Frau. Es war 15 Minuten vor 8. Um 10 vor saß ich mit dem Geschenk in der

Hand auf dem Sofa. Um 20 nach 9 weckte sie mich mit den Worten: „Können wir jetzt endlich los?"
Als Olli kurz danach die Haustür öffnete, schallte uns laute Musik entgegen, in einer Ecke stand ein langer Tisch mit Leckereien, etwa 25 Leute standen herum. Olli führte uns kurz in die Küche, versorgte Judith und mich mit Getränken.
Ich überreichte ihm unser Geschenk, das man auf Anhieb als verpackte CDs erkannte. Olli nahm es entgegen, als hätte ich ihm ein 15 Kilo schweres Paket zugeworfen, und sagte ironisch: „Wow, da ist bestimmt das Boulespiel drin, das ich mir gewünscht habe?" Dann lachte er laut.
Ich spürte den Blick meiner Frau. Ich wusste genau – auch sie dachte jetzt an die silberglänzenden Kugeln, die in einer schönen Holzkiste verpackt bei uns zu Hause lagen.
Wir folgten unserem Gastgeber ins Wohnzimmer. Ollis Frau Melanie umarmte uns und sagte leise: „Habt ihr meine SMS bekommen? Mit der Geschenke-Idee für Olli. Ich hoffe, ihr habt euch nicht zu sehr gewundert. Ich weiß auch nicht, warum Olli sich ausgerechnet ein echtes Sparschwein wünscht. Vermutlich liegt's am Alter!"
„Welche SMS?" Ich guckte meine Frau ungläubig an.

Und stotterte: „Ach die … ja … die habe ich gar nicht … weißt du, mein Handy … Manchmal löscht es einfach alleine … Also …“
Melanie hörte mir längst nicht mehr zu, denn in der Küchentür erschien einer der Gäste, mit einer Flasche Wein in der Hand. Wo denn der Korkenzieher zu finden sei, wollte er wissen. Ja, das ist ein Problem, sagte Melanie, der alte sei nämlich erst neulich kaputtgegangen und weder sie noch Olli hatten bisher Zeit gehabt, einen neuen zu besorgen. Aber einer der Nachbarn müsste gleich kommen, der wollte seinen mitbringen.
Ich sah, wie meine Frau lautlos das Wort „Korkenzieher“ mit ihren Lippen formte.
Mit unseren Gläsern in der Hand liefen wir durch das Wohnzimmer. Olli und Melanie hatten Stehtische aufgebaut. Wir begrüßten einige Nachbarn. Ich sah Olli, der gerade unser Geschenk auspackte. Er fummelte die Schleife auf und entfernte das Papier. Als er die CDs ausgepackt hatte, drehte er sie zunächst hin und her und kam dann auf uns zu.
„Diese CDs“, sagte er und hielt sie hoch, wie ein Schiedsrichter eine rote Karte, „kommen mir irgendwie bekannt vor. Das sind doch die gleichen, die ich dir letztes Jahr zu deinem Geburtstag geschenkt habe!“
Wir konnten nichts sagen. Denn im selben Augenblick

kam Melanies Schwester auf uns zu. Sie klopfte Olli auf die Schulter, guckte dann auf die CDs und meinte: „Ach, guck mal. Die habt ihr schon. Die hab ich Melanie irgendwann mal geschenkt. Witzig. Das ist ja echt ein Zufall.“

Ich weiß gar nicht, wer von uns beiden zuerst redete. Meine Frau sprach irgendwas von Verwechslung und Dummheit. Ich faselte irgendwas von Verblödung und Vergesslichkeit. Dann rissen wir beide gleichzeitig Olli die CDs aus der Hand. Ich brachte nicht mehr heraus als: „So ein blöder Zufall, mein Gott, wie peinlich, das tut mir so leid.“ Judith hingegen rettete uns mit der Idee, Olli solle sich doch einfach etwas aus unserer Geschenke-Kiste aussuchen.

Da er sich allerdings nur schwer entscheiden konnte und auch um die Geschichte mit den CDs wiedergutzumachen, fehlt jetzt in der Kiste sowohl das Boulespiel als auch der Design-Korkenzieher und das rosafarbene Porzellansparschwein. Dafür liegt jetzt eine Schokoladenkuchen-Backmischung drin. Damit wir bei der nächsten spontanen Einladung schnell noch einen Kuchen backen können.

Lukas Dottendorf

Auf der Rückreise

Der Urlaub war fein gewesen, das Wetter schön, aber nicht zu heiß, der See hatte sich von seiner besten Seite gezeigt. Braun gebrannt und deutlich besser gelaunt als auf der Hinfahrt ging es vom Lago Maggiore also wieder gen Norden, wo der Sommer schon im Begriff war, sich zu verabschieden. Wie schon öfter wollten wir auf dem Weg alte Bekannte in der Nähe von Zürich treffen, Tullio und Emma. Denn nachdem Emma die Branche gewechselt hatte – lange Jahre hatte sie wie wir auch bei einer Zeitung gearbeitet –, wurden die Wiedersehensgelegenheiten rarer. Wir hatten rechtzeitig angerufen, wie immer den beiden – „um Himmels willen" – verboten, irgendwelche Umstände unseretwegen zu machen, und freuten uns, dass sie da waren und Zeit für uns hatten.

Als wir gegen Mittag in den Vorort einbogen, begann es über dem düster wirkenden Zürichsee zu regnen. Schnell flüchteten wir ins Haus, und nach einer fröhlichen Begrüßung eröffnete uns Tullio, er habe heut Geburtstag: Deswegen würden wir im Nachbarort zum Essen eingeladen. Natürlich stimmten die Kinder ein „Happy Birthday“ an, wir gratulierten überrascht, schüttelten eifrig Hände und zogen dann in das ausgesuchte Lokal, wo Zürcher Geschnetzeltes und luftig-lockere Rösti („Röschti“) auf uns warteten.

„Eigentlich habe ich immer Geburtstag“, meinte Tullio, nachdem wir den Prosecco probiert hatten, „hab ich euch schon von Spanien erzählt?“ Tullio kann gut Geschichten erzählen, das wussten wir.

„Als ich vor einem Vierteljahr in Spanien war, da gab's beim Rückflug Probleme. Nicht nur wegen der üblichen Verspätung – in Frankreich streikten die Fluglotsen –, nein, die Maschine hatte auch zu wenig warme Mahlzeiten an Bord. Der Kapitän entschuldigte sich für die Panne und bot an, die fehlenden Essen durch Sandwiches oder zusätzliche Getränke auszugleichen. Etwas unruhiges Gemurmel kam zunächst unter den Fluggästen auf, aber der Steward nahm schnell die Wünsche entgegen. Bald waren alle versorgt. Und zufrieden. Beim Abräumen meldete sich der Kapitän noch einmal. Er bedankte sich für das Verständnis und teilte mit, dass sogar noch eine Flasche Champagner übrig geblieben sei, mit der er noch etwas Besonderes vorhätte. Die sollte nämlich diejenige oder derjenige bekommen, der heute Geburtstag hätte – falls denn ein Geburtstagskind an Bord wäre.“

„Und da“, sagte Emma lachend, „ist er aufgestanden und hat gesagt: Ich habe Geburtstag. – Eine Stewardess überreichte den Champagner, Tullio musste sich zu den hinteren Reihen verbeugen, und wir haben zu Hause am Abend die gute Flasche geköpft.“
„Das hätte ich mich nie getraut“, sagte ich sofort, „stell dir vor, die hätten deinen Ausweis sehen wollen.“ – „Haben sie aber nicht. Außerdem hatten sie doch, was sie wollten, und ich auch – die beste Lösung für alle!“, und er strahlte uns an. „Passt scho’ – so sagt man, glaub ich, in Bayern.“
Mittlerweile waren wir beim Nachtisch angelangt, bei herrlich cremig geschlagenem Himbeersorbet, Kaffee und Gebäck. Nachdem das Geburtstagskind pflichtgemäß, wie es ja einem Gefeierten gebührt, die anständige Rechnung beglichen hatte, verließen wir frohgemut das Lokal und wünschten mit vielen Dankeschöns den beiden noch einen vergnügten Festtag.

Wir waren erst kurz wieder auf der Autobahn, in deren Richtung sie uns noch gelotst hatten.
„Weißt du, was ich glaube“, sagte ich zu meiner Frau plötzlich, „der Tullio, der hatte weder heute noch damals Geburtstag!“

Ich weiß bis heute nicht, wann Tullio wirklich Geburtstag hat. Immer? Wir jedenfalls gratulieren ihm jetzt jedes Jahr zur gleichen Zeit, aber schon beim nächsten Jahrestag nach diesem Besuch schrieb ich auf die Glückwunschkarte: „Ich weiß nicht, ob du morgen wirklich Geburtstag hast, aber einmal im Jahr hat man auf jeden Fall Geburtstag, und zu diesem gratulieren wir dir schon heute von Herzen."

Franz Hohler

Der Geburtstagskalender

Seit er pensioniert war, hatte sich sein Leben verändert. Er gehörte zu denjenigen Menschen, die sich schlecht oder gar nicht darauf vorbereitet hatten, aus dem Arbeitsprozess auszuscheiden. Als Sachbearbeiter für die kleinen und mittleren Unternehmen auf dem Steueramt war er unter diesen für seinen unbestechlichen Blick auf die Buchhaltung und die abzugsfähigen Unkosten gefürchtet gewesen. Bei seiner Abschiedsfeier war sogar der zuständige Regierungsrat kurz erschienen und hatte ihm dafür gedankt, dass er durch seine Überprüfungen für den Staat jedes Jahr sechs- bis siebenstellige Frankenbeträge ins Trockene gebracht habe, ja, hatte er im Scherz gesagt, er, der Regierungsrat, verdanke wohl sein Jahresgehalt nur den Bemühungen von ihm, Eduard Frehner.

Und da war er nun auf einmal zu Hause, frühstückte am Morgen mit seiner Frau Rosemarie, die einige Jahre jünger war als er, und wenn sie die Wohnung verließ und zur Schule ging, an der sie unterrichtete, blieb er zurück, räumte den Tisch auf, steckte das Geschirr in die Spülmaschine, las die Zeitung, ohne dass er nachher sagen konnte, was er gelesen hatte, und wusste nicht, was tun.

Auf Anraten seiner Frau hatte er sich bei „Pro Senectute“ gemeldet, um in Freiwilligenarbeit älteren Menschen beim Ausfüllen ihrer Steuererklärung behilflich zu sein, hatte aber zu seinem Erstaunen den Bescheid erhalten, sie hätten schon genügend Helfer für diese Aufgabe und würden gerne auf ihn zurückkommen, wenn jemand ausfiele.

Er war kein Wanderer, er war auch kein Großvater, da ihnen ihr einziger Sohn bislang noch keine Enkel beschert hatte, er hatte keine wirklichen Hobbys. Immerhin hörte er gerne Musik, klassische Musik, und das Einzige, das er sich für die Zeit nach der Pensionierung vorgenommen hatte, war, Ordnung in die beachtliche Sammlung seiner Tonträger zu bringen, die aus Langspielplatten, Musikkassetten und CDs bestand. Er würde sie, hatte er gedacht, alle durchhören, ein Verzeichnis anlegen, Doppeltes ausscheiden und Kassetten, für die es ja bald keine Abspielmöglichkeiten mehr gab, auf CDs überspielen lassen, obwohl man bereits allenthalben hörte, diese seien ebenfalls Auslaufmodelle und die Zukunft der Speicherung von Musik sei die Festplatte. Er stellte jedoch fest, dass es

ihm nach spätestens zwei Stunden reichte und sich dann wieder diese Ratlosigkeit einstellte, die er jeweils nach dem Frühstück verspürte.
Eines Morgens, als er auf der Toilette saß, fiel sein Blick auf den Geburtstagskalender, der neben dem Spiegelschrank an der Wand hing. Rosemarie hatte ihn vor Jahren besorgt und darin mit Bleistift die Geburtstage ihrer Verwandten und ihrer Freundinnen eingetragen, auch den ihres Sohnes und einiger von Eduards Verwandten. Diesen Kalender hatte er so wenig beachtet wie ein Bild, an das man sich mit den Jahren so gewöhnt, dass man es nicht mehr wirklich wahrnimmt. Den Geburtstagen hatte er keine besondere Aufmerksamkeit geschenkt und manchmal auch gelächelt, wenn Rosemarie, bevor sie das Haus verließ, noch ein Zettelchen auf den Boden des Korridors legte, auf das sie mit Filzstift einen Namen mit dem Vermerk „Geb.“ schrieb, also z. B. „Geb. Alfons“, damit sie nicht vergaß, Alfons zum Geburtstag zu gratulieren, wenn sie wieder nach Hause käme.
Beim heutigen Datum las er „Alice“. Allerdings hatte seine Frau kein Erinnerungszettelchen auf den Boden gelegt, denn Alice war eine Cousine von Eduard, mit der sie kaum mehr in Kontakt waren. Eduard holte sein Adressbüchlein, in dem sie mit ihrer Telefonnum-

mer eingetragen war. Ob die wohl noch gültig war? Ja, das war sie, Alice meldete sich und war ebenso erstaunt wie gerührt, als sie Eduards Stimme hörte. Wie es dazu käme, dass er an ihren Geburtstag gedacht habe, fragte sie, und Eduard sagte, seit er pensioniert sei, habe er wieder mehr Zeit, auf den Geburtstagskalender zu schauen, und da stehe sie beim heutigen Datum drauf. Wo der Kalender hing, sagte er nicht. Er erfuhr dann von ihr, dass es ihr gar nicht gut gehe und dass sie sich morgen ins Inselspital begeben müsse, um sich übermorgen einen Tumor entfernen zu lassen, nachdem die Chemotherapie nach der ersten Operation offenbar nichts genützt habe.

Eduard wünschte ihr dazu alles Gute, sagte, er werde an sie denken und ihr den Daumen drücken, und nachdem er den Hörer aufgelegt hatte, schrieb er sich einen Zettel „Do. Alice Blumenstrauß“ und legte ihn auf seinen Schreibtisch. Heute war Montag, Donnerstag wäre der erste Tag nach der Operation.

Dann dachte er an seine Cousins und Cousinen, neun waren es insgesamt, und sie waren, wie er feststellte, allesamt in seinem Adressbüchlein eingetragen, zwei waren schon gestorben, aber ihre Adressen waren immer noch drin. Er strich sie durch und setzte ein Kreuzlein davor. Man hatte sich eigentlich immer nur bei den Beerdigungen und Trauerfeiern gesehen; dort fiel gelegentlich der Satz, wieso man sich eigentlich nur treffe, wenn jemand sterbe, man könnte doch auch sonst einmal etwas zusammen machen, und daraufhin passierte gar nichts.

Dass sich Alice über seinen Anruf gefreut hatte, der offenbar in einem wichtigen Moment gekommen war, freute Eduard seinerseits und gab ihm das Gefühl einer gewissen Genugtuung, ähnlich demjenigen, das er jeweils nach dem Abschluss einer Arbeit empfunden hatte. Er nahm das Adressbüchlein in die Hand, ging damit auf die Toilette und schaute nach, ob die Geburtstage der anderen Cousins und Cousinen auch eingetragen waren. Zu seiner Verwunderung waren alle drin. Das lag sicher am Familiensinn Rosemaries, die ihn dazu gedrängt haben musste, denn der Geburtstagskalender war ihre Idee gewesen. Bei dieser Gelegenheit sah er, dass der nächste Geburtstag schon in drei Tagen anstand, es handelte sich um den älteren Bruder von Rosemarie. Auf seinen Zettel schrieb er unter „Do. Alice Blumenstrauß“ „Geb. Paul“.

Als er Rosemarie am Abend von seinem Anruf bei Alice erzählte, lachte sie und sagte, sie hätte nicht gedacht, dass ihr Geburtstagskalender bei Eduard noch zu Ehren käme. Und ja, der Krebs, sie lese gerade mit einer Französischklasse *Une cuillerée de bleu* von Anne Cuneo, ein Buch, in dem die Autorin ihren Kampf mit dem Krebs schildere, und die jungen Menschen seien sehr beeindruckt davon. Als sie in einer Schulstunde einmal darum gebeten habe, wer in seiner Familie ein Krebsopfer habe, solle die Hand hochhalten, hätten ausnahmslos alle die Hand erhoben. Eduard hatte den Namen der Schriftstellerin noch nie gehört – eine Schweizer Autorin, sagte Rosemarie, und sie habe den Krebs sehr lange überlebt und sei erst kürzlich daran gestorben. Dann zählten sie auf, wer in ihrem Familien- und Freundeskreis schon an Krebs gestorben war, und Eduard sagte, wenn der nächste Bettelbrief der Krebsliga in der Post liege, werde er etwas einzahlen.

Als Rosemarie am Donnerstag nach Hause kam, sagte sie als Erstes, fast hätte sie vergessen, ihrem Bruder zum Geburtstag zu gratulieren, und das werde sie nun gleich tun. Eduard lächelte und sagte, er habe ihm schon gratuliert, auch in ihrem Namen. Rosemarie reagierte etwas verärgert. „Wieso denn das?“, fragte sie. Sie habe keinen Zettel geschrieben „Geb. Paul“, antwortete Eduard, und da habe er gedacht, er mache das am besten selbst, damit es nicht vergessen gehe, und im Übrigen habe sich Paul gefreut, sie hätten ein gutes Gespräch gehabt zusammen, unter Pensionierten sozusagen, und sie könne ihn ja ruhig noch selbst anrufen. Das tat sie denn auch, aber Paul hatte kaum Zeit, er sei gerade daran, den Grill im Garten vorzubereiten, und bald kämen ein paar Gäste, die er eingeladen habe, ja, ja, es gehe ihm prima, danke für den Anruf.

„Siehst du", sagte Eduard, „ist doch gut, dass ich ihm in Ruhe gratulieren konnte." Rosemarie schien nicht besonders glücklich darüber. Es sei sicher gut gemeint, dennoch wäre es ihr lieber, wenn er ihren Verwandten nicht zum Geburtstag gratuliere, bevor sie es selbst getan habe.

Ein paar Tage später fragte Rosemarie, wer denn Stefanie sei, die er auf dem Geburtstagskalender für den morgigen Tag eingetragen habe. Eine Schulkameradin, entgegnete Eduard. Letzte Woche sei eine Einladung zu einer Klassenzusammenkunft gekommen, und da sei bei jedem Namen nebst der Adresse auch noch das Geburtsdatum gestanden.

„Und Stefanie war wohl dein Schulschatz?"

Eduard wurde etwas verlegen. „Ja. Mein erster. Mit acht Jahren."

„Und du denkst, sie freut sich, wenn du ihr zum Geburtstag gratulierst?"

„Ich hoffe es."

„Pass mir auf, Edi, alte Liebe rostet nicht."
Beide lachten.
„Und", fragte Rosemarie am nächsten Tag, „hat sie sich gefreut, deine Stefanie?"
„Natürlich. Eigentlich freuen sich alle, wenn man ihnen zum Geburtstag gratuliert. Sie hat ein ganz schön bewegtes Leben hinter sich." Und er erzählte von ihren zwei Scheidungen, ihren drei Kindern vom ersten und den zweien vom zweiten Mann, ihren zwei Enkelinnen und ihrer Stelle als Ombudsfrau im Kanton St. Gallen, bis er merkte, dass Rosemarie nur mit einem halben Ohr zuhörte.
Sie war erstaunt, als sie in der Folge ein paar neue Namen auf dem Geburtstagskalender fand. Ja, sagte Eduard, das seien diejenigen Schulkameraden aus der Primarschule, an die er sich gut erinnere.
„Du meinst, Schulkameradinnen?", spöttelte Rosemarie. Es waren fast nur Mädchennamen.
„Nicht nur. Hanspeter ist jedenfalls kein Mädchenname."
Mit Hanspeter und Louis zusammen hatte er, als sie in der dritten Klasse waren, eine Art Geheimbund geschlossen. Er war der Nächste, dessen Geburtstag fällig war.
Als sie am Samstag aufbrechen wollten, um sich im Möbelgeschäft neue Küchenstühle anzusehen, sagte

Eduard, er müsse noch schnell Hanspeter anrufen. Rosemarie, die schon im Regenmantel war, setzte sich und schaute noch etwas in die Zeitung. Nach einer Viertelstunde war sie beim Kulturteil angelangt und ging zu Eduard ins Wohnzimmer, der gerade fragte, wie der Schnellste an der Kletterstange noch mal geheißen habe in ihrer Klasse, der Kleine mit den Sommersprossen. Richtig, Schneider, das Schneiderlein hätten sie ihn doch genannt, ja, er hänge jetzt auf, er müsse auf eine Einkaufstour, und alles Gute nochmals.
Auf dem Weg zum Möbelgeschäft erzählte er Rosemarie im Bus, wie der kleine Schneider einmal beim Schulbesuch eines Kleinzoos gegen einen Affen an der Kletterstange angetreten sei und wie der Affe oben angekommen sei, bevor Schneider noch zwei Züge machen konnte, und dass er Hanspeter völlig überrascht habe mit seinem Geburtstagsanruf, worauf ihn Rosemarie fragte, ob sie nachher noch in der Fischabteilung des Delikatessenladens vorbeigehen wollten.
Ein paar Tage später zeigte ihr Eduard mit verschmitztem Lächeln einen Briefumschlag.
„Weißt du, wer mir geschrieben hat?"
„Nein, wer denn?"
„Regierungsrat Hollenweger."

Das war sein oberster Vorgesetzter gewesen, als er noch auf dem Steueramt gearbeitet hatte.
„Und warum?"
„Ich habe ihm zum 60. Geburtstag gratuliert, und er hat sich bedankt."
Rosemarie war baff.
„Ich meinte, du hieltest nie besonders viel von ihm."
„Immerhin kam er zu meiner Abschiedsfeier."
„Aber trag ihn bitte nicht in den Geburtstagskalender ein, ja?"
„Oh, das hab ich schon getan, doch wenn du willst, radier ich ihn wieder aus."
„Ja, bitte, er gehört ja weder zur Familie noch zum Freundeskreis. Und zur Schule bist du auch nicht mit ihm gegangen."
Am nächsten Morgen sah Rosemarie beim Blick auf den Geburtstagskalender die ausradierte Stelle. Da Eduard einen starken Bleistift benutzt hatte, war die blasse Schrift immer noch zu erkennen „B. Hollenweger Reg.rat".
Und beim heutigen Tag stand „Edith Hirschi".
Sie lasse Edith Hirschi grüßen, sagte Rosemarie, bevor sie ging.
„Werde ich tun!", rief Eduard fröhlich, doch es schien ihm, die Tür falle etwas heftiger ins Schloss als sonst.

Wer denn Reto sei, fragte er Rosemarie ein paar Tage später. Er hatte den Monat Juni aufgeschlagen und dort beim 3. den Namen gefunden, der ihm gar nichts sagte. Das sei ein alter Schulfreund von ihr, entgegnete Rosemarie. Sie könne sich vorstellen, dass er sich auch freuen würde, wenn sie ihm zum Geburtstag gratuliere.

Das sei bestimmt eine gute Idee, sagte Eduard.

Einmal wollte er die langjährige Sekretärin seiner Abteilung eintragen und sah, dass das Feld schon besetzt war. „Giancarlo“ stand da in so großer Schrift, dass „MarieJosée“ daneben kaum noch Platz fand. Wer Giancarlo sei, fragte er Rosemarie. Ihr Dirigent, sagte Rosemarie, die in einem Chor mitsang. Eduard war etwas erstaunt. Er habe gar nicht gewusst, dass sie per Du mit ihm sei.

Als Eduard den Namen der Stadtpräsidentin einfügen wollte, weil er überzeugt war, dass sie sich über Glückwünsche aus der Bevölkerung freuen würde, und sah, dass an diesem Tag schon „Armand F.“ stand, beschloss er, sich einen eigenen Geburtstagskalender anzulegen. Er holte sich in der Papeterie einen Kalender, auf dem über jedem Monat ein anderer Geburtstagskuchen prangte, schrieb den Kalender aus der Toilette ab, allerdings ohne die Einträge seiner Frau und ohne die selbstverständlichen, die er sowieso im Kopf hatte, und versorgte ihn in der Schreibtischschublade. Wenn Rosemarie jeweils gegangen war, zog er ihn heraus, schaute nach, welcher Geburtstag nächstens bevorstand, überlegte sich, ob ein Brief oder ein Telefonanruf angemessener sei, und versicherte sich, dass er die Telefonnummer oder die entsprechende Adresse besaß. Nach dem Brief des Regierungsrats hatte er damit begonnen, den Mitgliedern der Kantonsregierung, aber auch denjenigen der Landesregierung zum Geburtstag zu gratulieren. Diese Menschen, sagte er einmal zu Rosemarie, seien viel einsamer, als wir es uns vorstellten, gerade weil sie ständig von anderen Menschen umringt seien, die ja nur an ihnen als Amtsträger interessiert seien. Er hatte ihr den Dankesbrief eines Bundesrats gezeigt. Das sei doch ein unverbindlicher Floskeltext, bei dem nur der Name des Adressaten ausgewechselt werden müsse, meinte Rosemarie, worauf Eduard sagte, immerhin seien seine Geburtstagswünsche angekommen.

Wie es eigentlich seiner Tonträgersammlung gehe, fragte sie ihn daraufhin.

Er habe sich, sagte Eduard, für eine alphabetische Lösung entschieden und sei jetzt beim Buchstaben B, der natürlich mit Namen wie Bach, Beethoven und

Brahms stärker bestückt sei als A. Mit den Oboenkonzerten von Albinoni sei er ziemlich rasch durch gewesen, obwohl er sich schwergetan habe, die zwei Kassetten wegzuwerfen, die er auch als CD habe. Er wisse nur noch nicht, ob er bei Bach die Reihenfolge nach dem Bach-Werke-Verzeichnis oder ebenfalls nach Alphabet machen solle, je nachdem kämen dann die Brandenburgischen Konzerte vor allen Kantaten, was zwar einfacher wäre, aber chronologisch nicht stimmen würde. Nein, nein, ihre französischen Chansons werde er nicht anrühren, das sei ja so abgemacht.

Tatsache war jedoch, dass seine Hauptsorgfalt immer weniger dem Ordnen seiner Tonträger galt, sondern vielmehr dem Verfassen von Geburtstagsbriefen. Eine Verbindung der beiden Gebiete ergab sich allerdings dadurch, dass er begann, auch berühmte Solisten in seine Geburtstagspost einzubeziehen. Gerade bei diesen Menschen war es nicht einfach, eine Adresse herauszufinden, unter welcher sie erreichbar waren, und er schickte dann hin und wieder eine E-Mail an ihre Agentur mit der Bitte um Weiterleitung, obwohl ihm das eigentlich zu formlos vorkam.

Wichtig waren ihm auch die Formulierungen. Gerade seit Rosemarie den Bundesrat eines Normbriefs verdächtigt hatte, bemühte er sich, seine Briefe nicht immer gleich zu gestalten. Schon der Anfangssatz „Sie wundern sich vielleicht, von einem unbekannten Menschen einen Brief zu erhalten“ ließ viele Modulationen zu wie „Es erstaunt Sie vielleicht ...“, „Es mag Sie erstaunen ...“, „Bestimmt wundert es Sie, dass ...“, „Sie fragen sich möglicherweise ...“, und wenn er zu den Wünschen kam, bemühte er sich stets, über „alles Gute“ hinauszugehen, indem er etwa einem Regierenden schrieb, er wünsche ihm weiterhin viel Freude bei der sicher nicht immer leichten Arbeit. Bei der Gratulation für den Wirtschaftsminister des Landes fügte er nach einem ähnlichen Satz in Klammern die etwas gewagte Ergänzung hinzu: „Ich war dreißig Jahre lang Steuerbeamter und weiß, wovon ich spreche.“ Der Entschluss, diese Klammer anzufügen, hatte ihn fast einen Nachmittag gekostet. Mal kam es ihm anbiedernd vor, dann fand er wieder, gerade diese persönliche Notiz könnte dem Minister gefallen.

Eher leichter fiel es ihm, Bezüge zur Tätigkeit der Solisten oder Solistinnen einzuflechten. „Mögen Sie sich weiterhin so leichtfüßig durch das Weltrepertoire spielen wie bisher“, schrieb er einer Geigerin, die bei ihren Konzerten barfuß auftrat, um ihre Verbundenheit mit der Erde zu zeigen, oder einem berühmten Pianisten wünschte er „das Glück, noch oft das Klavierkonzert

KV 595 von Mozart so meisterhaft aufführen zu können wie auf Ihrer CD mit den Wiener Philharmonikern, die meine Plattensammlung krönt".
Zu seinem Erstaunen bedankten sich die meisten der Angeschriebenen für seine Wünsche, was er Rosemarie jeweils mit einer gewissen Feierlichkeit mitteilte. „Weißt du, wer mir heute geschrieben hat?", pflegte er sie dann zu fragen, und als sie einmal mit einem Scherz antwortete: „Der heilige Sebastian?", sagte er leicht pikiert: „Der Bundespräsident", und hielt ihr den Umschlag hin, auf dem neben seinem Namen, Eduard Frehner, und seiner Adresse als Absender unter einem Schweizer Wappen in Prägeschrift stand „Der Bundespräsident der Schweizerischen Eidgenossenschaft". Rosemarie zeigte sich weniger beeindruckt, als sich Eduard das gewünscht hätte.
„Na", sagte sie bloß, „da hast du dir ja einen neuen Beruf ausgewählt."
„Was für einen?"
„Gratulant."
Eduard lachte.
„Ich bin erst in der Ausbildung."
„Und wann machst du dein Gesellenstück?"
Rosemaries Frage, so ironisch sie klang, ging Eduard so lange nach, bis er eine Antwort darauf gefunden hatte.

Sein Gesellenstück sollte ein Geburtstagsbrief für den Papst werden, und er wollte seine Frau damit überraschen. Das Spötteln würde ihr bestimmt vergehen, wenn er ihr eine Antwort direkt vom Heiligen Stuhl vorweisen konnte.

Als er diesen Vorsatz fasste, war es Anfang Dezember, deshalb musste er sich sputen, denn Papst Franziskus hatte am 17. Dezember Geburtstag. Es galt, Entscheide zu fällen, etwa, in welcher Sprache er den Brief schreiben sollte. Er beschloss, ihn zuerst auf Deutsch abzufassen, dann ins Italienische zu übersetzen, so gut er konnte, und ihn danach einer Schulkollegin aus der Gymnasialzeit vorzulegen, die Italienischlehrerin geworden war. Die Frage der richtigen Anrede war die erste Knacknuss. „Ihre Heiligkeit“? „Sua santità“? Oder einfach „Lieber Papst Franziskus“? „Caro Papa Francesco“? Oder sogar „Mein lieber Papst Franziskus“? Das entspräche vielleicht der volkstümlichen Art des Pontifex, der sich gerne als ganz normaler Mensch gab. Aber Eduard war ja gar nicht katholisch. Oder mindestens „Verehrter …“? Ob er ihn wirklich verehrte, war zweitrangig, es ging um die richtige Form. Oder alles zusammen, „Ihre Heiligkeit, verehrter, lieber Papst Franziskus?“ Und was wünschte man einem Würdenträger wie ihm? „Viel Freude bei der sicher nicht immer leichten Arbeit"? Das klang eher etwas zu weltlich. „Möge Gott Ihnen beistehen, die Fülle der Verantwortung Ihres großen Amtes zu tragen"? Nicht nur, dass Eduard nicht katholisch war, er glaubte nicht einmal an Gott. Doch hier ging es um das, was der Papst glaubte. Er würde den Präsidenten der katholischen Kirchgemeinde anrufen, der einige Male wegen der Steuern bei ihm gewesen war, vielleicht konnte der ihn beraten. Auch die korrekte Adresse musste herausgefunden werden, „Papa Francesco, Città del Vaticano" würde wohl nicht ganz genügen, damit der Brief wirklich ernst genommen wurde.

Als er nach drei Tagen intensiver Arbeit und verschiedensten Telefonaten und E-Mails das Gratulationsschreiben am frühen Abend ins Reine schrieb, klingelte das Telefon.

Es war Rosemarie, die ihm sagte, sie sei mit Reto in einem Restaurant in Chur, sie seien gerade beim Apero, und sie wisse nicht, ob sie noch nach Hause komme.

Eduard erschrak.

„Mit Reto?"

„Ja. Er hat mich eingeladen."

„Aha. Wie kommt er denn dazu?"

„Er möchte mir gratulieren. Ich habe heute Geburtstag."

Hape Kerkeling

Beatrix wird achtzig.

Die Echte. Ob es da wohl wieder lecker Mittagessen gibt?

Prinzessin Beatrix, Ex-Königin der Niederlande, wird 80 Jahre alt.

Schon vorab lädt sie illustre Gäste in den Palast im Herzen von Amsterdam. Der liegt schön zentral zwischen dem Erotik- und dem Marihuana-Museum.

An diesem großen Jubiläum kann ich nicht einfach pfeifend vorbeispazieren. Denn seit dem 25. April 1991 ist Beatrix ein Teil von mir.

Die Monarchin hatte sich an dem Tag bei Bundespräsident Richard von Weizsäcker in Berlin angekündigt und ahnte nichts Böses. Staatsbesuch halt. Ich wiederum steige an jenem Morgen um 7.30 Uhr in die Linienmaschine von Bremen nach Berlin. Bereits im vollen Ornat, mit Samtkostüm und royalblauem Pillbox-Hütchen. Erstaunlich: trotz des Outfits kein komischer Blick, kein schräger Kommentar.

Begonnen hatte der Tag für mich um 5.30 Uhr bei meinem Heimatsender Radio Bremen. Meine Lieblings-Maskenbildnerin Bärbel Bolz verwandelte mich in „die Beatrix". Hut und Kostüm waren maßgeschneidert. Hinter uns lag eine monatelange Planung. Ursprünglich wollte ich Ihre Majestät vis-à-vis interviewen. Wollte der Hof aber nicht. So dachten wir uns irgendwann fröhlich: Hey, geht Hape eben als Beatrix zu Richie.

10.30 Uhr. Ich sitze in Berlin in der fetten Limousine – und mir wird mulmig. Im Lederpolster versinkend frage ich mich, ob das wirklich eine gute Idee ist. Kein halbwegs vernünftiger Sicherheitsmann wird mich je in dieser Aufmachung vors Schloss Bellevue lassen!

Ich atme tief durch. Als wir auf den Kiesweg einbiegen, bin ich die Ruhe selbst. Doch der Wagen wird sofort gestoppt und gequält freundlich vom Hof gejagt. Feierabend, denke ich. Übermorgen dreh ich eh was Besseres: Da gebe ich einen polnischen Opernsänger, der „Hurz" trällert. In diesem Moment sehe ich aus dem Augenwinkel, wie sich der Schlagbaum öffnet, damit das Wachbataillon der Bundeswehr vor dem Schloss aufmarschieren kann. Ich weise meinen Fahrer Werner an, die Gunst der Sekunde zu nutzen und durchzupreschen.

Welche Straftat begehe ich eigentlich gerade? Hausfriedensbruch? Majestätsbeleidigung? Gar Hochverrat?

Alle Gags, die ich mir vorher ausgedacht hatte, streiche ich im Kopf. Das Ganze muss auf einen Punkt reduziert werden: Ich bin die Beatrix und will ein lecker Mittagessen! Im schlimmsten Fall läuft das auf Mundraub hinaus …

Vorm Hauptportal kommt unser Wagen zum Stehen. Mit großem Hallo klettere ich aus dem Auto, mache mit wedelnden Armen und trampelig wie ein westfälischer Jungbulle alle Welt auf mich aufmerksam. Wer sich so aufführt, ist zwar sonderbar, aber nicht gefährlich. Die versammelten Journalisten starren mich an. Plötzlich ruft ein niederländischer Pressevertreter: „Ons Bea!“, also: „Unsere Bea! Erkennt ihr sie nicht?“ Da stürmen alle auf mich zu. Es trifft ihren Humor.

Den Rest kennen Sie vermutlich. Für eine Minute war ich die Königin der Niederlande.

Bundespräsident von Weizsäcker fand die Nummer übrigens ziemlich unterhaltsam, wie er mir viel später mal bei einem Partyplausch im Park des Bellevue verriet. Eine offizielle Reaktion vom niederländischen Königshaus gab’s nie.

Doch eine Prinzessin aus einem anderen europäischen Fürstenhaus erzählte mir, sie habe Königin Beatrix bei einem privaten Abendessen nach ihrer Meinung zu dem Sketch befragt. Angeblich antwortete Beatrix: „Wissen Sie, ich liebe gute Arbeit. Und das war gute Arbeit.“

Meine zweitbeste Freundin Gudrun ist wie ich Oranje-Fan. An ihrem Geburtstag werden wir einen Beatrix-Birthday-Youtube-Abend feiern und uns von der Inthronisierung bis zur Abdankung noch mal alles reinziehen. Dazu genießen wir Genever und „Holländer mit Pfeil im Rücken“. Wie, kennen Sie nicht!? Na, lecker Käsehäppchen am Zahnstocher.
Hartelijk gefeliciteerd, Koninklijke Hoogheid! – Herzlichen Glückwunsch, Prinzessin Beatrix!
Ik duw je!

Ilse Gräfin von Bredow

Von der Wiege bis zur Bahre

Vieles, wovon wir dachten, es würde sich im Laufe des Lebens verlieren, bleibt uns leider auch im Alter erhalten, etwa am liebsten das zu *tun*, was wir besser *lassen* sollten. Schon das Kleinkind schwankt, schließlich sind aller guten Dinge drei, ob es trotz Omas drohenden Blicken der geduldigen Mutter noch einmal den Nuckel in die volle Kaffeetasse spucken oder großmütig auf diesen herrlichen Spaß verzichten sollte. Natürlich spuckt es. Später dann im Kindergarten schwebt sein Fuß sekundenlang über einer auf dem Boden herumkrabbelnden Wespe, von der Kindergärtnerin als goldige Biene Maja bezeichnet, ehe Mamas Liebling dann doch kräftig zutritt.
Mit wachsendem Alter wächst dieser Drang und gibt sich bald nicht mehr mit solchen Lappalien zufrieden wie Schule schwänzen, Schularbeiten vernachlässigen, schlechte Zensuren verschweigen, eine Kleinigkeit aus Mutters Portemonnaie stibitzen. Nun fordert er zu härteren Verbotsübertritten heraus – dem besten Freund die Freundin ausspannen, immer unverschäm-

tere Notlügen erfinden, um sich vor ungeliebten Pflichten zu drücken.

Aber nun sind wir alt, und es drängt uns jetzt mehr, zu *lassen*, was wir eigentlich *tun* sollten. Wir finden nicht aus dem Bett, nehmen unsere Medikamente nicht, sondern schütten sie heimlich in den Müll, und drücken uns vor der ärztlich angeordneten Morgengymnastik, teils aus Faulheit, teils, weil sie uns zu sehr daran erinnert, was sich in Jugendjahren an den Morgenappell anschloss und in einem Dauerlauf endete, und das mit durchhängendem Magen.

Dafür ertragen wir, anders als früher, viele Unannehmlichkeiten mit Würde, zum Beispiel nicht herumzujammern, wenn die Heizung ausfällt oder nur lauwarmes Wasser in die Badewanne fließt. Geduldig stehen wir mit unserem Gehwagen vor den Stufen unseres Hauses, bis ein Vorübergehender sich unser erbarmt und ihn zum Eingang hinaufträgt. Auch sitzen wir klaglos in übervollen Wartezimmern. Dort kommt mir oft der Gedanke, man meint wohl, wir Greise fühlten uns in der angenehmen Gesellschaft anderer Patienten genauso gemütlich wie in unseren eigenen vier Wänden. Das ist nicht der Fall, aber leider lassen wir wieder, was wir tun sollten, nämlich ordentlich auf den Putz zu hauen!

Das heißt aber nicht, dass uns gelegentlich doch noch der Hafer sticht, besonders dann, wenn es sich um ein nerviges, ebenfalls recht altes Familienmitglied handelt, das uns die Gnade eines Besuches zuteilwerden lässt. Bei seinem Anblick erinnert sich der Besuchte sofort, dass diese Kusine ein Leben lang unter ihrem Spitznamen „Dickerchen“ gelitten hat, und ehe er sich versieht, gleitet ihm bereits von den Lippen: „Welche Freude, Dickerchen!“ Dummerweise scheint dem fast neunzigjährigen Kusinchen der Weizen noch kräftig zu blühen, und so zirpt sie lächelnd zurück: „Ganz meinerseits, Deppi!“ Der Vetter zuckt zusammen und Dickerchen lehnt sich zufrieden zurück.

Aber es gibt noch vieles andere, was wir aus Kindheitstagen mitschleppen. An erster Stelle steht natürlich die Vielfalt von Ängsten, die einem das Leben versauern. Es gibt zwar die Sage vom furchtlosen, unerschrockenen Menschen, aber bis jetzt ist er mir noch nicht begegnet. Nur versetzt jeden etwas anderes in Furcht und Schrecken: Mein Vater sah auf der Flucht entrückt den Tieffliegern zu, die unter Höllenlärm dicht neben ihm die Brücke und eine Kaserne beschossen, während wir anderen uns zu viert ohne Sinn und Verstand in einer Telefonzelle drängten, die ein Tiefflieger dann auch als Zielscheibe nahm. Glücklicherweise hatte er anscheinend nur das Schießen gelernt, ohne das Treffen zu üben. Ein paar Stunden später, als wir dem Inferno entkommen waren und in einem Gutshaus Zuflucht gefunden hatten, erschrak mein Vater halb zu Tode, als hinter uns die schwere Tür krachend ins Schloss fiel. Heute, von unseren meist unbegründeten Altersängsten geplagt, fragen wir uns hin und wieder, wie wir es überhaupt geschafft haben, den Krieg ohne Nervenzusammenbruch zu überstehen.

Mit den Jahren gleichen die Ängste wieder ein bisschen denen unserer Kindheit. Zwar graulen wir uns nicht mehr vor dem „schwarzen Mann" unter dem Bett oder im Schrank, aber verloren und verlassen fühlen wir uns schnell und entspannen uns nur in vertrauter Umgebung und unter vertrauten Menschen.

Auch die kleinen Ticks und Marotten, die wir uns in unserer Jugend zugelegt haben, sind häufig unsere treuesten Begleiter. Das einstige Lockenköpfchen zupft auch heute noch gern an seinem gelichteten Haar oder seinem welken Ohrläppchen, nagt am Daumennagel und beharrt bei Familienbesuch weiterhin darauf, auf „seinem" Stuhl zu sitzen. Hausfrauen mit großem Familienanhang können davon ein Lied singen: Onkel Karl trinkt seinen Tee nur aus hauchdünnen, nur halb gefüllten Tassen. Onkel Horst dagegen ist das nicht

wichtig, Hauptsache, es gibt dazu Kandiszucker, und Tante Herta achtet darauf, dass sie nicht den Anschnitt bekommt, egal, ob es sich um Käse, Wurst oder Braten handelt.
Nur durch unerquickliche Erlebnisse erworbene Angewohnheiten verlieren sich von allein oder schlagen ins Gegenteil um. Onkel Ernst, der viele Jahre auf dem Fußboden schlief, weil er sich nach der langen Kriegsgefangenschaft nicht umgewöhnen konnte, ist nun besonders kritisch, was Matratzen angeht, und erwartet, vor allem in Hotels, erste Qualität. Ebenso ist es mit dem Thema Essen. Im hohen Alter hat die Regel aus der Kindheit „Was auf den Tisch kommt, wird gegessen" nur noch wenig Gültigkeit. Die einstigen Vertreter dieses erzieherischen Spruchs sind nun zu nörgeligen Feinschmeckern geworden, die jede Hausfrau damit kränken, dass sie das von ihr so sorgsam zubereitete Gericht nicht etwa loben, sondern ihr mitteilen, sie hätten etwas Ähnliches mal in der Schweiz gegessen, und das habe ein ihnen unbekanntes Gewürz enthalten – „köstlich, köstlich, sag ich dir!"
Außer all diesen Unarten haben wir Alten, trotz unserer Vergesslichkeit auch oft noch ein Gedächtnis wie ein Elefant, was all die Kränkungen betrifft, die man uns angeblich in der Kindheit zugefügt hat, Martern

aller Arten hat man uns da angetan. „Nicht einmal, als ich Masern hatte, waren sie nett zu mir!“, erregt sich die Neunzigjährige noch über die längst dahingegangenen Eltern und Geschwister. Und eine andere, ebenfalls Hochbetagte, beginnt am Heiligabend plötzlich bitterlich zu weinen. Ratlos sieht sich die Familie an und wirft den Urenkeln drohende Blicke zu. Haben sie etwa ihrer Ahnin nicht anständig Guten Morgen gesagt? Sind sie unverschämt gewesen und haben sie womöglich eine Mumie genannt? Das streiten die Kinder heftig ab. Im Gegenteil, sie haben sogar Mühle und Dame mit ihr gespielt, weil sie das so gern wollte. Was also dann hat die große Trauer ausgelöst? Ist es wieder einmal der Tod des geliebten Mannes oder des noch inniger geliebten Hundes? Oder vielleicht die Tatsache, dass ihr der Arzt nun auch das Gläschen Rotwein am Abend verboten hat? Doch das alles ist es nicht. Es ist ihr Geburtstag, der dummerweise mit dem Heiligabend zusammenfällt. Ein Unglück schlechthin, auch wenn man ihr als Kind hundertmal erklärt hat, was es doch für eine große Ehre sei, am gleichen Tag wie das Jesulein geboren zu sein. Aber das Jesulein war ihr damals ziemlich schnurz. Für sie bedeutete der Heiligabend den Verzicht auf die Geburtstagstorte, das Geburtstagslied und eine nur für sie bestimmte Feier,

zu der sie alle ihre Freunde einladen durfte, von den zusätzlichen Geschenken ganz zu schweigen. Stattdessen immer nur „Stille Nacht, heilige Nacht“ und „Vom Himmel hoch, da komm ich her.“
Die Urgroßmutter putzt sich geräuschvoll die Nase. Unter den mitleidigen Blicken der Familie guckt sie stirnrunzelnd über den Tisch. „Und wo bleibt der Kaffee?“

Jan Weiler

Geschenkideen

Zu den großen Tricks geiziger oder mittelloser Schenker gehört die Überreichung eines Gutscheines. Die Finte besteht darin, dass man hoffen kann, dass der Beschenkte niemals vom Coupon Gebrauch machen wird, weil er ihn verlieren oder vergessen wird. Ich habe jedenfalls noch nie erlebt, dass jemand mich zum Einlösen eines Gutscheines gedrängt hätte. Am wenigsten meine Kinder. Nick und Carla haben mir schon viele Gutscheine geschenkt. Sie begründeten dies mit ihrem schmalen Budget und ich fühlte mich jedes Mal richtig groß beschenkt, denn die Gutscheine versprachen enorme, ja im Grunde genommen unbezahlbare Dienstleistungen. Eine Rückenmassage. Ein Abendessen. Einen ganzen Tag lieb sein. Einen langen Spaziergang machen. Ohne Meckern aufräumen. Einen Korb Wäsche bügeln. Mit dem Hund rausgehen. Der Hund ist inzwischen gestorben und diesen Gutschein kann ich gar nicht mehr einlösen. Aber auch die anderen Gutscheine will und werde ich niemals vorzeigen, um Leistungen einzufordern, denn: Sie sind so schön.

Die damals vielleicht siebenjährige Carla übergab mir einmal ein ganzes Gutscheinheft. Sie hatte jeden der visitenkartengroßen Scheine illustriert, ein Loch in alle oberen linken Ecken gestanzt, eine dünne Kordel hindurchgezogen und diese kunstvoll verknotet. Seit elf Jahren hängt dieses Heftchen in meinem Büro und ist schon ganz vergilbt. Sie weiß natürlich genau, dass ich keinen Gebrauch von diesen Zettelchen machen würde, und in gewisser Weise schmälert es ihre Anstrengung, mir etwas von Wert zu schenken, aber ich bin zu schnell gerührt, als dass mich solche Gedanken argwöhnisch werden ließen.

Auch Nick schenkt gerne selbst gemachte Voucher, ist in dieser Hinsicht aber aus einem ganz anderen Holz geschnitzt als seine Schwester. Während Carlas Gutscheine Angebote darstellen, die man zumindest theoretisch annehmen könnte, hat Nick ganz offensichtlich nicht die Absicht, mir etwas zu schenken, was ich wirklich gebrauchen könnte, geschweige denn haben wollen würde. Seine Gutscheine stellt er am Rechner her.

Auf dem von meinem letzten Geburtstag stand: „Gutschein für einen feuchten Fuzzi." Zu Weihnachten bekam ich von ihm einen Coupon für eine Marsreise (nur Hinweg). Und an Ostern erfreute er mich damit, dass er auf Bestellung für mich während der nächsten längeren Autofahrt seine Lieblingssongs von Bushido, Shindy und den Höhnern zum Besten geben würde. So was hat er als ganz kleiner Junge auch schon gemacht, aber damals kannte er nur zwei Lieder, nämlich „Finger im Po, Mexiko“ und „Tanze Samba mit mir“. Er sang die Songs abwechselnd und so lange, bis Sara die Nerven verlor und damit drohte, ihn an der nächsten Raststätte an holländische Camper zu verkaufen. Jedenfalls habe ich den HipHop-Gutschein ebenso wenig eingelöst wie sein Angebot, einen Tag lang zu jodeln.

Das ganze Thema kam heute Morgen zur Sprache, weil die Kinder wissen wollten, was ich mir eigentlich zu meinem fünfzigsten Geburtstag wünsche. Offensichtlich wollen sie mich ernsthaft beschenken. Das fand ich sehr rührend und machte ein paar Vorschläge. Aber sie lehnten alles ab. Zu doof, langweilig, Opageschenk, uncool. Damit hatten sie vollkommen recht. Denn ich möchte eigentlich gar nichts Richtiges von ihnen. In Wahrheit möchte ich gestaltete Gutscheine, die ich aufhebe und auf keinen Fall jemals einlöse. Es sind meine Lieblingsgeschenke.

MARS
X·PRESS

Käthe Lachmann

Kindergeburtstag Vintage-Style

Mein Patenkind Liselotte hatte Geburtstag, sie wurde zehn, und natürlich waren wir alle schon ganz aufgeregt. Ihre Mutter ist alleinerziehend, und so bot ich ihr natürlich an, zu helfen.
Wir wollten dem Kind etwas ganz Besonderes bieten, und so fragte ich Liselotte, was sie denn mit ihren Freundinnen machen wollte.
Ich habe vorgeschlagen, dass wir eine Übernachtungsparty machen, und hab gesagt: „Die Gäste kommen gegen 16.00 Uhr und bleiben bis am nächsten Tag um 12, 13 Uhr…"
Liselotte schüttelte den Kopf: „Nee, das hatte ich doch erst bei Clara. Das will ich nicht. Da schläft man erst so spät…"
Ich: „Welcher ist denn dein Lieblingsfilm?"
Lilo: „Findet Nemo."
Ich: „Wir könnten einen Beamer mieten, und ihr könnt den Film zusammen gucken!"
Lilo: „Hmm, ich weiß nicht, das hat Annika doch schon gemacht. Und die haben ein Kino gemietet."

Kurze Pause. Toll, Kino gemietet, dachte ich. Wahrscheinlich das Cinemaxx. Aber das können wir auch: „Oder wir mieten einen Zirkus, und ihr lernt Kunststücke und führt die dann den Eltern vor, die abends kommen …“

Lilo: „Nee, das hat Paula ja gemacht, das war langweilig.“

Ich hatte es! „Du, ich könnte mir vorstellen, dass wir ein Fotostudio mieten, und wir machen ein professionelles Fotoshooting wie bei *Germanys Next Topmodel* mit euch?“

Lilo, zögernd: „Vielleicht, aber das hatten wir ja schon bei Silja-Marie.“

Ich, genervt: „Oder willst du vielleicht mit deinen Gästen ein Musikvideo drehen? Mit Choreograf und Maskenbildnerin? Wo ihr Zehnjährigen nuttig geschminkt und in knappen Klamotten obszöne Posen lernt und dann ’ne DVD davon mit nach Hause nehmen könnt?“

Lilo strahlend: „Super! JA!“ (Pause) „Das war total toll bei Lina!“

Verdammt noch mal, das hatten sie auch schon gemacht? Mühsam beherrscht schlug ich vor: „Oder wollen wir einen Survival-Guide engagieren und euch mit dem Helikopter in die Rocky Mountains fliegen, wo wir euch ganz alleine aussetzen, und ihr müsst

dann mit dem Navi von euren IPhones wieder nach Hause finden?"
Lilo, gelangweilt: „Hmm, joah, das haben wir ja bei Fietes Geburtstag schon gemacht, und Finn haben sie bis heute nicht gefunden …"
Ich, richtig wütend: „Dann weiß ich es auch nicht! Ihr seid ja wirklich so verwöhnt – wie wär's denn mit einem Freundschaftsspiel gegen die Nationalelf? Meet and Greet mit Katy Perry? Sollen wir David Copperfield einladen? Und ihr trefft euch mit Justin Bieber? In L.A.? WIR haben früher ganz andere Sachen gemacht an unserem Geburtstag, wir haben miteinander gespielt! Reise nach Jerusalem haben wir gespielt, da hat man immer einen Stuhl mehr weggenommen, bis schließlich nur noch einer für zwei Kinder übrig war, und wer den dann ergattert hat, der hat gewonnen! Oder dieses Spiel mit der Schokolade: Man würfelt, und wer 'ne sechs hat, darf sich 'ne Mütze und Schal und Handschuhe anziehen und mit Messer und Gabel Schokolade essen, mit dicken Fausthandschuhen! Und die anderen haben weitergewürfelt, und wenn man dann ENDLICH alles anhatte und die Schokoladenverpackung irgendwie aufgerissen hatte, dann durfte der NÄCHSTE! Oder kennst du Wurstschnappen? Da haben die Eltern Würstchen an eine Schnur gebunden

und immer wieder hoch- und runtergelassen, und man musste versuchen, ohne Hände, nur mit dem Mund die Würstchen zu schnappen, ja, echte Würstchen, damals gab's noch keine Vegetarier! Oder Topfschlagen! Da kriecht man debil mit verbundenen Augen auf dem Boden lang, auf allen vieren, und man haut immer wie bescheuert mit einem Holzlöffel auf den Boden, und die anderen sagen immer ‚heiß' oder ‚kalt', je nachdem, wie weit man vom Topf entfernt ist, und irgendwann trifft man den Topf, und da ist dann ein Knoppers drunter! EIN KNOPPERS! Keine Karte für ein Ariana-Grande-Konzert, nein, ein Knoppers! Ach, was sag ich denn, bei uns gab's ja noch nicht einmal ein Knoppers, das hieß ja damals noch HANUTA!!"

Lilo hüpfte freudig auf und ab: „Au ja, ich will Topfschlagen machen!"

Ich überlegte kurz: „Hmm, nein, das möchte ich nicht – das hatten wir neulich erst bei den Winklers."

Markus Winzer

Happy Dirtday, Alder

Geburtstage sind ganz normale Tage. Die Wahrscheinlichkeit, dass sich einmal im Jahr der Tag der eigenen Geburt jährt, ist sehr hoch. Wer rechnen kann, kommt unweigerlich auf dieses Ergebnis. Und wer nicht rechnen kann, kommt genauso schnell drauf. Also, was soll das Ganze? Aus seinem Geburtstag braucht man kein großes Brimborium zu machen. Das ändert sich auch nicht, nur weil man alle zehn Jahre auch noch einen runden Geburtstag hat. Oder eine Schnapszahl wie 22, 55 oder 111.

Der ganze Geburtstagswahn kommt davon, dass es irgendwann Mode wurde, unsere Kinder an ihrem Geburtstag zu Königen oder Prinzessinnen zu ernennen. Also ich kann mich nicht daran erinnern, dass mir jemals am Geburtstag eine Krone aufgesetzt wurde und ich nach dem Motto „Ich hab aber heute Geburtstag“ den Kindergarten und anschließend die gesamte Verwandtschaft tyrannisiert habe. Ich hab nie, nicht einen einzigen Tag meines Lebens, etwas bestimmen dürfen. Nie habe ich die Sitzordnung im Kindergarten

über den Haufen schmeißen dürfen und moppelige Mädchen in die stille Ecke schicken dürfen, weil ich nicht wollte, dass sie mir den Geburtstagskuchen wegfressen. Nie hat mir jemand eine Torte mit brennenden Kerzen gefährlich nahe unter die Nase gehalten, während die gesamte männliche Verwandtschaft spontan zu filmenden Kameramännern mutierte und die gesamte weibliche Verwandtschaft so was sang wie „Hoch soll er leben, dreimal hoch". Ich kann mir nicht mal ansatzweise vorstellen, was damit gemeint ist, hoch zu leben! Und schon gar nicht dreimal!
Und? Hat es mir geschadet? Ich glaube nicht! Ich bin ganz normal. Mein Psychiater ist da nicht ganz meiner Meinung, aber das muss er ja auch, sonst gäbe es ja keinen Grund für mich, jede Woche zweimal zu ihm zu gehen. Er hat einen an der Klatsche und wie alle Psychiater nur Psychologie studiert, um sich selbst zu helfen. Ich glaube, ich tue ihm gut.
Um Ihnen zu zeigen, wie man souverän mit seinem Geburtstag umgehen kann, schildere ich Ihnen meinen letzten Geburtstag. Ich glaube, es war der 49. Da ich meine Lebensjahre eh nicht zähle, sondern mich, wie alle beruflich erfolgreichen Männer, an meinem „gefühlten Alter" orientiere, könnte es auch der 32. gewesen sein. Bitte fragen Sie mich nicht, was das

„gefühlte Alter" ist. Ich weiß es selbst nicht. Nächsten Monat halte ich vor dem Betriebsrat ein Referat darüber. Danach kann ich Ihnen mehr sagen.
Nur aus Gründen der Höflichkeit habe ich schon am Vortag den Wecker auf 23.59 gestellt. Es soll ja so verrückte Menschen geben, die Punkt Mitternacht anrufen, um als Erster zu gratulieren. Und da will man ja nicht verschlafen wirken. Tatsächlich klingelte um 0.00 und 41 Sekunden das Telefon. Eine leichte Verspätung, aber nun gut, damit kann man leben. Wie sich jedoch nach längerem Gespräch herausstellte, handelte es sich bei dem Anrufer nicht um einen Gratulanten, sondern um einen georgischen Fernfahrer, der bei mir einen Döner-Teller bestellen wollte.
Als ich um 21 Minuten und 4 Sekunden später auflege, ist meine Frau wach. Sie blickt mich verdattert an und murmelt etwas, das klingt wie: „Wasnmitdirlos? IchfühlmichScheisse. IchglaubichkriegFieber. KannstduimanderenZimmerschlafen? UndirmorgendeinFrühstückselbstmachen? Ichbleibedannliegenundankedubissnschatz!"
Kein Problem für mich. Wenn es meiner Frau nicht gut geht, schlafe ich doch gerne in der Rumpelkammer und mache mir an meinem eigenen Geburtstag das Frühstück selbst. Gar kein Problem.

Während ich also zwischen dem Bügelbrett und dem Katzenklo vor mich hin döse, gibt es Geräusche im Haus. Das sind meine beiden Jungs. Sie schleichen sich runter und bereiten alles für morgen früh vor, also Luftballons, Lampions, handgeschriebene Zettel, auf denen steht: „Alles Gute zum Geburtstag. Haben ihn nicht vergessen, aber der Laden war schon zu. Deshalb ein Gutschein für eine Partie Tischtennis". Und dazu dann noch eine Bierflasche mit einem Etikett dran, auf dem so was steht wie: „Alder, eh, du bist der Coolste!" Herrlich!

Doch als ich am Morgen nach unten komme, finde ich lediglich die Spuren eines nur notdürftig vertuschten Gelages vor. Wesentliche Rollen dabei spielten offenbar 10 Kilo Spaghetti, 4-8 Schokoosterhasen und eine Flasche meines besten irischen Whiskeys. Wahrscheinlich haben die Jungs zu Ehren meinerseits schon vorgefeiert. Als ich jedoch eindeutig die Krümel eines Schokoladenkuchens entdecke, kommt mir ein schrecklicher Verdacht. Ich stürze zum Kühlschrank und tatsächlich ....

Der Schokokuchen, den mir meine liebe Frau mit den letzten Resten ihrer Kraft kurz vor dem gesundheitlichen Zusammenbruch noch gebacken hat, das letzte Relikt an geburtstäglicher Anerkennung, ist angefres-

sen. Der in minzefarbigem Zuckerguss geschriebene Spruch „Happy Birthday" wurde dabei zerstört und anschließend wieder repariert, dem Geruch nach mit mittelscharfem Senf. „Happy Dirtday" steht da jetzt zu lesen und ich mache mir eine Notiz, dass ich beim nächsten Elterngespräch dringend mit dem Englischlehrer reden muss.
Im Büro angekommen, stelle ich den Kuchen für alle gut sichtbar in der Küche ab. Ich brauch ja niemanden daran zu erinnern, dass ich Geburtstag habe, das steht ja in unserem für alle Mitarbeiter freigegebenen Onlinekalender groß drin. Genauer gesagt, steht es viermal drin. Mein Chef hat es ohne Absprache mit mir einfach eingetragen. Eindeutiger Verstoß gegen alle Datenschutzrichtlinien! Er hat sich aber geweigert, es wieder wegzumachen. Zur Vertuschung habe es dann an vier weiteren Tagen im Jahr noch mal eingetragen. Man gönnt sich ja sonst kein Witzchen.
Etwa zehn Büros weiter sitzt ein Kollege, der Kraftsport betreibt und einen unerschöpflichen Kalorienbedarf hat. Außerdem scheint er eine sehr gute Nase zu haben. Es dauert keine 30 Sekunden, da steht er in der Küche und fragt: „Was ist das für ein Kuchen? Hat da heute jemand Geburtstag? Ich nehme dann mal ein Stückchen, danke!"

Als Nächstes betritt eine Kollegin mein Büro, von der ich sehr genau weiß, dass sie meinen Geburtstag kennt, weil ihr Mann am selben Tag Geburtstag hat. Ihre Einlage hat immerhin Schauspielwert, das muss man ihr lassen. Vor Freude strahlend kommt sie auf mich zu. Ich erhebe mich und strecke ihr gönnerhaft die Arme zur Umarmung entgegen. Doch sie schießt an mir vorbei zum Ordnerschrank, um offenbar einen Ordner zu suchen. Währenddessen singt sie beständig ein Lied vor sich hin. Irgendwas mit „Wie schön, dass du geboren bist blablabla". Ich denke, sie hat damit nicht den Ordner gemeint, der scheint bisher nämlich noch nicht zu existieren. Nach 14 Minuten und 37 Sekunden verlässt sie, ohne mich eines weiteren Blickes zu würdigen, das Büro.
Um 14.30 macht ein Chat die Runde über die Bildschirme. Es ist ein privater Chat, aber da ich das Passwort des Computeradministrators kenne, kann ich ihn heimlich mitverfolgen. Ich bin ein wenig irritiert, weil die Betreffzeile lautet: „Hat der Dicke nun heute Geburtstag oder nicht?" Die Meinungen dazu sind geteilt. Einige ganz Schlaue tendieren anhand des mitgebrachten Kuchens zu „Ja", die anderen berufen sich auf die unklare Lage, sowohl bezüglich des Spruches auf dem Kuchen als auch der Einträge im Kalender, und tendieren zu „Nein".

Eine ganz besonders begabte Mitarbeiterin formuliert den folgenden Satz: „Ich glaube, letztes Jahr hatte er im Mai und vorletztes Jahr im Juni. Wir können ja darüber abstimmen. Ich bin für April." Ich bin mir sicher, dass sie demnächst befördert wird. Wie dem auch sei, die Frage, ob mir nun gratuliert werden soll oder nicht, konnte nicht abschließend beantwortet werden.

Ich beschloss, mich der unangenehmen Situation zu entziehen und spontan ein paar Überstunden abzubauen. In den für alle Mitarbeiter freigegebenen Onlinekalender trug ich von 17 Uhr bis drei Uhr nachts ein: „Nicht verfügbar. Private Geburtstagsparty mit Freunden. Geschlossene Gesellschaft!"

Als ich zu Hause ankam, war meine Frau nicht da. Ist vermutlich beim Arzt, dachte ich. In diesem Moment klingelte das Telefon. Ich erkannte die Nummer meiner Schwiegermutter. Nur weil ich Geburtstag hatte, ging ich ran. Lieber noch Geburtstagsgrüße von ihr als von gar keinem Menschen. Es entwickelte sich jedoch folgender Dialog.

„Hallo, liebe Schwiegermama. Schön, dass du heute anrufst!"

„Gib sie mir! Und hör auf, solchen Blödsinn zu reden!"

„Bitte was?"

„Meine Tochter. Ich will mit ihr reden. Sofort!"

„Sie ist nicht da."
„Hast du Sie umgebracht?"
„Nein, natürlich nicht. Heute Morgen ging es ihr nicht so gut."
„Das weiß ich. Ich bin ja ihre Mutter. Also!"
„Ich habe keine Ahnung, wo sie ist. Vielleicht ist sie beim Arzt."
„Blödsinn. Wegen so einer Erkältung geht man doch nicht zum Arzt. Zumindest nicht als Frau. Warum bist du heute eigentlich zu Hause? Bist du schon wieder arbeitslos? Soll sie dich jetzt auch noch durchfüttern?"
„Ja warum bin ich heute wohl zu Hause. Hast du vielleicht heute irgendwas vergessen?"
„Nein. Ich vergesse nie was. Hältst du mich jetzt auch noch für senil? Sie soll mich anrufen, sofort wenn sie nach Hause kommt."
„Ich sage es ihr."
„Und such dir einen Job!"

In diesem Moment sah ich einen Zettel an der Tür. Darauf stand „Hallo Schatz! Klingt komisch, ich weiß, aber ich war ganz plötzlich wieder gesund. Spontane Heilung! Meine Jugendfreundin ist in der Stadt. Nur heute und nur einen Tag. Du hast doch Verständnis oder? Wir feiern heute Abend nach."

Ich mache Kaffee, falls unerwartet Besuch kommen sollte. Tatsächlich klingelt es wenig später an der Tür. Es ist meine Schwester. Sie umarmt mich, gratuliert mir und händigt mir ein Geschenk aus. Eine Zeichnung von ihr, die aussieht, als wäre ein Laster über eine Dose Ravioli gefahren.
„Erkennst du ihn?“, fragt sie.
„Nein, nicht wirklich. Was ist das?“
„Das ist Kraki. Ich hab ihn für dich gemalt!“
„Kraki?“
„Ja. Du weißt doch, das war dein Lieblingskuscheltier als Kind. Das war ein Riesenkrake in Regenbogenfarben. Den hab ich dir damals mit der Strickliesel gemacht. Weißt du nicht mehr?“
„Ja. Da kann ich mich so spontan gerade nicht daran erinnern. Willst du vielleicht auf einen Kaffee...“
„Das würde ich gerne, aber es geht leider nicht. Ich muss zur Fußpflege. Du hast doch sicher Verständnis, oder?“
„Natürlich, natürlich“, sagte ich, und es war auch dieses Mal nicht gelogen.
Und dann sagte sie etwas, was als einer der schlimmsten Sätze des Tages bewertet werden konnte:
„Nächstes Jahr musst du groß!“

Also trinke ich meinen Kaffee alleine und ziehe Bilanz. Ich komme zu dem Schluss, dass der Tag nicht wirklich gut verläuft, aber wie gesagt, einem echten Cowboy wie mir macht das nichts aus. Wer macht sich schon was aus Geschenken!
Mittlerweile ist es Nachmittag geworden. Meine beiden Söhne sind nach Hause gekommen. Der eine – „Hi, Vadder alles klar" – ist in seinem Zimmer verschwunden. Der andere – „Hi, Alter, alles klar" – hat nur kurz seine Sportsachen geholt. Auf meine Frage, ob wir heute Abend draußen auf der Veranda ein Bier zusammen trinken, antworten sie:
„Ja, können wir gerne machen. Gibt es was zu feiern?"

In diesem Moment bekomme ich einen Anruf über Whats Up von meinen Eltern. Sie machen gerade eine Kreuzfahrt. Sie könnten auch über das Telefonnetz anrufen, aber über Whats Up ist es billiger. Wen stört es dann schon, dass die Verbindung nicht so dolle ist. Ich höre nur einzelne Worte. Zuerst ist meine Mutter dran.

„Hallo" – Rauschen – „Bubilein! Bist du es? „Alles" – Rauschen – „stag"! „Hier ist alles" – Rauschen – „bar". – Rauschen – Rauschen – Rauschen – Rauschen – „sicher Verständnis". – Rauschen – Rauschen – Rau-

schen – „leid". – Rauschen – Rauschen – Rauschen – „nächstes Jahr nachholen, oder?"
Dann kommt mein Vater an die Reihe. Er beginnt das Gespräch mit den äußerst intelligent gewählten Worten, die jedes Vater-Sohn Telefonat dieser Welt eröffnen: „Hallo, mein Sohn, ich bins, dein Vater!" – Rauschen – Rauschen – Rauschen – „kein großes Geschiss" – Rauschen – Rauschen – „Krieg" – Rauschen – Rauschen – „Stalingrad" – Rauschen – Rauschen – „alleine Geburtstag".
Mittlerweile ist mir alles wurst. Ich lasse den Nachmittag unkontrolliert entgleiten. Mit einem Bier und dem Schachcomputer setzte ich mich raus auf die Terrasse. Um diese Zeit ist mein Nachbar meistens noch in seiner Baugrube tätig und macht einen Höllenlärm. Heute aber herrscht wider Erwarten himmlische Ruhe. Ich betrachte dies als das einzig sinnvolle Geburtstagsgeschenk bisher. Wenn es am schönsten ist, soll man aufhören. Ich verdränge, dass ich heute Geburtstag habe, und vertiefe mich in die Schachparty Karpov gegen Kasparov 1986. Ich kann gar kein Schach spielen, deshalb spiele ich immer berühmte Partien nach. Ich schau dann immer vorher, wer gewonnen hat, und spiele dann die Züge des Siegers. Verlieren ist nicht ganz so mein Ding. Auf der Siegerstraße kann man

wunderbar entspannen. Und es fallen einem die tollsten Dinge dabei ein. Mir zum Beispiel fällt ein, wie ich meinen nächsten Geburtstag, den 50., gefühlt den 33., feiern werde. Im Kopf mache ich mir eine Liste mit allen Menschen, die mir nicht oder nicht gebührend zum Geburtstag gratuliert haben – und zwar bezogen auf meine gesamte Lebenszeit. Dann werde ich diese Menschen schon am 1. Januar schriftlich bitten, sich den Tag meines Geburtstages frei zu halten. Vier, nein besser sechs Wochen vorher verschicke ich eine höchst aufwendig gestaltete Einladung, in der ich darauf verweise, bereits alles im Leben erreicht zu haben. Großzügig verzichte ich auf Geschenke und bitte stattdessen um eine möglichst hohe Spende zugunsten einer Sozialeinrichtung.
Mit dem Geld werde ich in die Südsee reisen und mich von dort am Tage meines Geburtstages per Videobotschaft im großen Saal der Stadthalle melden, wo gerade das exquisite Menu angeliefert wird. Und dann werde ich der versammelten Mannschaft verkünden, wo sie mich mal kreuzweise können und dass sie doch bitte die Rechnung für das Fest begleichen sollen.
Gerade als ich Karpov schachmatt setzen will, höre ich ein Räuspern hinter mir. Da stehen meine Frau und meine beiden Söhne mit einer Flasche Sekt, einem

Kuchen, einem Luftballon und einer brennenden Wunderkerze da.
„Überraschung“ rufen sie und das war es wirklich, denn mittlerweile hatte ich meinen Geburtstag tatsächlich schon selbst vergessen.
„O.k. Besser spät als nie“, denke ich und streiche die drei von meiner Liste.
Vielleicht hätte es auch noch ein ganz netter Abend werden können. Wir hatten gerade die Gläser eingeschenkt und ich wollte ein paar feierliche Worte sprechen. Und Ja, ich gebe es zu, ich hatte vor Rührung ein Tränchen im Auge. Doch leider kam es nicht dazu. Denn genau in diesem Moment fuhr mein Nachbar mit ohrenbetäubendem Lärm mit dem Bagger vorbei. Er brachte seinen Kampfpanzer vor unserer Terrasse zum Stehen und brüllte, offenbar stark angeheitert, aus der Fahrerkabine heraus:
„Ich weiß, es ist schon halb zehn, aber ich muss dringend noch schnell was auf der Baustelle erledigen, sonst können die Jungs morgen nicht weiterarbeiten. Ich bin den ganzen Tag nicht dazu gekommen. Ich habe nämlich heute runden Geburtstag. Den 60. Heute Morgen um Viertel vor sechs kam der erste Gratulant und erst jetzt ist gerade der letzte gegangen. Tut mir echt leid, aber da kann man ja mal ein Auge zudrücken, oder?“

Natürlich, das kann man. Also ich kann das. Gar kein Problem. Geburtstage werden völlig überbewertet. Völlig.

Franziska Polanski

Herzlichen Glückwunsch

In Kurts Heim. Wohnzimmer. Kurt sitzt in einer Ecke, Freund Werner und Kurts Ehefrau Gerda über Pläne gebeugt am Esstisch.

KURT: Müssen wir denn unbedingt feiern?
GERDA: Aber, Kurt, wo es doch dein Sechzigster ist!
KURT: Ich habe gar keine Lust zum Feiern.
FREUND WERNER: Der Kegelclub hat schon zugesagt, die freiwillige Feuerwehr ist mit Blaskapelle so gut wie sicher.
KURT: Ach, nein. Bitte nicht so viel Aufwand.
FREUND WERNER: Bei der Organisation von Geburtstagsfeiern kannst du dich völlig auf mich verlassen, Kurt! *(geht umher)*
KURT: Ich möchte doch gar nicht …
FREUND WERNER: Um fünf Uhr kommt die Liedertafel: „Hoch soll er leben" auf dem Balkon im zweiten Stock, wobei wir darauf achten müssen, dass der Kegelclub dann schon weg ist.
KURT: Wieso denn?

FREUND WERNER: Damit er im Vorgarten nicht mit der freiwilligen Feuerwehr zusammenstößt!
KURT: Eigentlich wollte ich an meinem Geburtstag verreisen.
GERDA: Dass du immer so dummes Zeug reden musst, Kurt!
KURT: Wenn ich an meinen sechzigsten Geburtstag denke, werde ich depressiv.
FREUND WERNER: *(völlig in seinem Element, hört Kurt nicht zu)* Ist eigentlich auf deiner Hintertreppe genug Platz, damit wir die Liedertafel abziehen lassen können, wenn der Schützenverein kommt?
KURT: Sehe ich eigentlich alt aus, Gerda?
FREUND WERNER: Ich hab's!
KURT: Ich meine, wie 60?
FREUND WERNER: Wir postieren die Liedertafel kurzfristig im Wohnzimmer, damit der Schützenverein auf dem Balkon Stellung beziehen kann. Natürlich nur zwischenzeitlich. Übergangslösung.
KURT: Du, Werner.
FREUND WERNER: Und jetzt kommt der Clou!
KURT: Werner?
FREUND WERNER: Zwölf Böllerschüsse, abgefeuert vom Schützenverein. Dir zu Ehren! Was sagst du jetzt!?

KURT: Ich möchte verreisen.
FREUND WERNER: Wie?!
KURT: Ich möchte meinen sechzigsten Geburtstag alleine verbringen. Weit weg. In den Bergen.
FREUND WERNER: In den Bergen?
KURT: Die vielen Leute, der ganze Trubel, das ist mir alles zu viel.
FREUND WERNER: *(richtet sich auf)* Da plant man und organisiert man den ganzen Tag, Wochen, Monate, und dir ist es zu viel!? Hast du eigentlich schon einmal überlegt, was das heißt!? Die Liedertafel und die freiwillige Feuerwehr und der Schützenverein? – Glaubst du, das sind keine Menschen?! Glaubst du, die freuen sich nicht schon auf ihren Auftritt!
KURT: Aber ... Es ist doch *mein* Geburtstag.
FREUND WERNER: Dein Geburtstag, dein Geburtstag. Was soll denn das heißen? Als Geburtstagskind hat man gewisse Verpflichtungen!
KURT: Verpflichtungen?
GERDA: Werner hat recht.
KURT: Aber ich habe doch Geburtstag, ich meine, da habe ich doch das Recht ...
FREUND WERNER: Was heißt Recht!? Bei einem Geburtstag geht es nicht um Recht oder Unrecht!
KURT: Nein, nein, aber ...

GERDA: Du solltest auch einmal an die anderen denken, Kurt. Wenigstens einmal solltest du an die anderen denken!
KURT: ?
GERDA: Aber die anderen sind dir ja völlig egal.
KURT: *(vollkommen verdutzt)* Ich wollte nur …
FREUND WERNER: Ich bin wirklich enttäuscht.
GERDA: Schämen solltest du dich.
KURT: Ich …
FREUND WERNER: Tief enttäuscht.
KURT: Aber ich habe doch nur Geburtstag, ich meine …
FREUND WERNER: Was du hast, ist uns völlig egal.
GERDA: Eben. *(geht nach hinten)*
FREUND WERNER: Wir feiern. Darauf kannst du Gift nehmen.
GERDA: Wir lassen uns die Stimmung von dir nicht vermiesen. *(mit gefüllten Gläsern zurück)*
KURT: Nein, nein … Ich wollte nur …
FREUND WERNER: Jetzt sei endlich still!
KURT: Gut. *(nimmt seine Jacke)* Herzlichen Glückwunsch. *(geht)*
FREUND WERNER: Unerhört!
GERDA: *(tritt mit Glas sehr nahe an Kurt)* Sekt?
Blackout.

Root Leeb

Neubeginn

„Auf gar keinen Fall mache ich so weiter wie bisher", sagte sie zu ihrem Mann, der gleichzeitig – wie praktisch – ihr Geliebter war. „Ich werde feiern, ja, aber ich werde alles anders machen." Ihr Geburtstag, der diesmal wieder ein runder sein würde, stand schon sichtbar an einem sehr nahen Horizont, und da sie viele Freundinnen und Freunde hatte, mit denen sie groß feiern wollte, musste sie rechtzeitig mit der Planung beginnen.
Aber – sie war schon in dem Alter, in dem man das Gefühl hat, von allem viel zu viel zu haben. Schränke, Regale, Schubladen und Fensterbänke, alles war besetzt und übervoll. Sie hatte zwar schon seit einiger Zeit angefangen zu reduzieren, Dinge auszusortieren, zu verschenken oder, wenn sich gar keine andere Möglichkeit finden ließ, auch wegzuwerfen. *Klar Schiff* machen und *Durchlüften* nannte sie das. Harte Arbeit. Das war auch der einzige Grund, warum sie manchmal in Erwägung zog, diesen Geburtstag vielleicht doch nicht zu feiern. Es würden wieder Geschenke ins Haus kommen, und gerade hatte sie die Erfahrung hinter sich, wie unge-

heuer schwer es ihr fiel, sich von lieb gewordenen Gegenständen, die ja alle mit Erinnerungen verbunden waren, zu trennen, am schlimmsten, wenn es sich um Geschenke handelte. Ja, es blieben Geschenke, auch wenn sich der Staub vieler Jahre (wenn sie ihn denn gelassen hätte) schon auf ihnen niederlassen konnte.
Sie entschied sich trotz allem zu feiern. Und sie schrieb auf jede Einladung, die sie verschickte oder auch per Mail versandte, in leuchtend roten Buchstaben: *Von Geschenken bitte ich abzusehen. Allein aufgrund meines Alters. Ich habe bereits alles, was ich brauche, und sogar noch viel mehr. Waschen und parfümieren werde ich mich künftig nicht häufiger, auch essen und trinken kann ich nicht mehr als jetzt schon.* Darunter ein Grinsgesicht.
Kaum hatten sie die Einladungen erhalten, riefen sich die Freunde und Freundinnen zusammen, irritiert, ratlos, ja einige sogar aufgebracht. Das konnte man doch nicht so stehen lassen! Sie verabredeten ein Treffen. Durch vorausgegangene Feiern kannten sich die meisten, und einige waren auch miteinander befreundet. Sie begannen erst einmal zu klären, wie sie reagieren wollten, ob man alternativ vielleicht ein Spendenkonto einrichten sollte. Das kam einigen etwas geschmacklos vor, zumal die Gastgeberin mit ihrem Mann zum wohlhabenden Teil der Gesellschaft gehörte, sicher schon

ihre eigenen Projekte unterstützte und man sie nicht überrumpeln oder für etwas vereinnahmen wollte, das sie womöglich nicht überzeugte. Man musste also sorgfältig planen. Es wurde viel geredet. Worte wie „Eigensinn“ und „Sturheit“ kamen vor sowie der Verweis auf kulturelle Bräuche, die man als Jubilarin einfach zu akzeptieren habe. Am Ende des Abends schien einiges klarer. Sie hatten einen gemeinsamen Plan für das weitere Vorgehen. Sie würden sich jetzt öfter zusammensetzen, um alles genau zu besprechen, und sie beschlossen, zum nächsten Treffen den Geliebten, also den Mann des Geburtstagskindes, einzuladen.
„Also ein Geburtstag ohne Geschenke. Das kriegen wir hin. Ja, das lässt sich machen …“, sagten sie ihm beim nächsten Treffen. Er nickte erleichtert, hatte er doch befürchtet, dass sie ihn zum Geheimnisträger von etwas machen wollten, das seiner Frau missfallen würde. Sie bestimmten ihn, vorausgesetzt er sei einverstanden, als Kontaktmann. Ihn würden sie über ihr weiteres Vorgehen auf dem Laufenden halten. Natürlich nur unter dem Versprechen der absoluten Verschwiegenheit.
Er sagte zu, gab ihnen seine geschäftliche Mailadresse sowie eine Telefonnummer der Firma, da er zu weiteren Treffen sicher nicht unauffällig würde kommen können.

Sie planten alles ganz genau. Zunächst einmal, wer für eine Woche mit der Freundin in das schön gelegene Hotel mit Wellnessangeboten und Möglichkeiten für anspruchsvolle Touren fahren sollte. Zuerst wollten sie auslosen, doch dann kamen sie zu dem Entschluss, dass das am besten ihr Geliebter, also ihr Mann, übernehmen sollte. Als Einstimmung auf das große Fest. Auf keinen Fall als Geschenk.

In dieser Phase der Vorbereitung wuchsen die Freunde und Freundinnen eng zusammen. Zwar konnten oder wollten nicht alle eingeladenen Gäste mitmachen, aber alle waren von dem Plan begeistert. So traf sich weiterhin nur der harte Kern, und bei einer der nächsten Sitzungen, es ging um die Organisation eines Lieferwagens sowie um einige Telefonnummern, sagte eine der Frauen: „Wir sollten auch einiges unter uns aufteilen. – Nur für den Fall, dass sie doch irgendetwas wieder zurückhaben will“, fügte sie schnell hinzu, als sie die empörten Blicke der anderen sah.

„Nein, Geschenk ist Geschenk. Wir nehmen nichts zurück von unserem. Heißt in diesem Fall, geben nichts zurück“, sagte eine andere. Alle nickten zustimmend.

Dann kam der große Tag. Man traf sich in einem feinen Restaurant, in das zur Feier eingeladen war, der Geliebte und gleichzeitig Mann der Jubilarin begleitete seine

Liebste direkt nach der Rückreise von ihrem wunderschönen Kurzurlaub dorthin. Ja, er hatte ein wenig Mühe, sie davon abzubringen, dass sie nicht noch vorher „kurz zum Frischmachen" nach Hause fuhren. Da musste er doch ein klein wenig preisgeben von seinem so streng gehüteten Geheimnis. Er sagte ihr, dass er dort eine Überraschung für sie deponiert hätte. Misstrauisch erinnerte sie ihn, dass er doch ganz genau wüsste... Beinahe kam es zum Streit. „Ich bin mir aber sicher, dass es ganz in deinem Sinn ist. Sonst hätte ich es nicht getan", sagte er und spielte den Traurigen. Da wurde sie weich und ging mit ihm direkt zum Empfang.

Es wurde ein sehr heiterer und entspannter Abend. Das Essen und die Getränke wurden von den Freundinnen und Freunden sehr gelobt, es war auch wirklich alles ganz wunderbar, und der Höhepunkt war der Auftritt einer frisch gegründeten Frauenband, in der ein Großteil der Freundinnen sang, alles selbst komponiert und die Texte selbst geschrieben, aber nein, sie würde die nicht in die Hand gedrückt bekommen am Schluss, wurde ihr unter Lachen versichert, die besten Erinnerungen blieben eh im Kopf, das hätten schon ganz bedeutende Menschen gesagt, nur wer genau, wollte jetzt so schlagartig niemandem einfallen, aber es war ja auch egal, denn alle waren mittlerweile leicht beschwipst...

Es war schon sehr spät, als sie aufbrachen. Ziemlich spontan beschlossen sie, alle gemeinsam die großzügige Gastgeberin mit ihrem Mann nach Hause zu begleiten. Die wollte erst nicht so recht, sagte, sie sei jetzt doch ziemlich müde, aber da sagte ihr Geliebter, der ja auch ihr Mann war, das habe etwas mit der Überraschung in ihrer Wohnung zu tun. Ach, so ist das, dachte sie gerührt, er hat wohl für alle noch eine Kleinigkeit zum Absacken bereitgestellt, und drückte ihm verliebt den Arm.
Als sie mit Lachen und Gepolter in der Wohnung ankamen und das Licht anmachten, dachte sie kurz, sie wäre wohl sehr betrunken oder hätte eine plötzliche Sehstörung. Alles sah so anders aus. Sehr, sehr übersichtlich. Hell und sauber. Es gab noch einen großen Tisch mit Stühlen, an der Wand das Klavier, im Schlafzimmer das gemeinsame Bett und einen Schrank mit dem Nötigsten an Kleidung. Die Regale waren leer bis auf einige ihrer gemeinsamen Lieblingsbücher. Kommoden, Konsolen und Fensterbänke, alles glänzte in den klaren Formen der eigenen Umrisse.
Sie hielt kurz erstaunt, ja erschrocken inne, dann drehte sie sich um und sah, wie alle die Luft anhielten. Jetzt verstand sie. Sie drückte ihren Mann, rief bewegt: „Ich danke euch, ihr Lieben", und klatschte vor Begeisterung in die Hände.

Stefan Schwarz

Es ist Ute!

Ich bin ein Nasenmensch. Konkret, ein Nasenmensch ländlicher Herkunft. Ich näse weder den Rumpf noch rümpfe ich die Nase, wenn ein Gülletraktor übers Feld rieselt. Ungleich schwieriger wird es mit künstlichen Düften. Das Schicksal wollte es, dass meine Mannesreife mit der Markteinführung des „Action"-Deosprays vom VEB Florena Waldheim zusammenfiel. Um die Jugend des Landes in den Bann einer eigenen „Pflegeserie" zu schlagen, hatten die volkseigenen Duftkomponisten ein paar Geruchskomponenten zu etwas zusammengerührt, das wenigstens bei mir starke erotozide Wirkungen zeitigte. Eigentlich unbedingt anzusprechende Feinsliebchen verwandelten sich selbst bei Freiluftveranstaltungen dank „Action"-Spray in fleischgewordenen Hustenreiz. In dieser schweren Zeit galt ich als kurz angebunden, und wenn es dann doch zum Äußersten kam, als ungewöhnlich schnell fertig und in heller Atemnot.

Ich hatte dies, wie viele Plagen der Jugend, vergessen, als mir meine Frau anlässlich ihres kommenden Geburtstages einen Link schickte, um zu verhindern, dass ich ihr was Persönliches bastele. Der Link leitete mich freundlich auf die Artikelseite eines Parfümerieshops, die nur noch meine Kreditkartennummer wissen wollte.

Das Parfüm war so schlimm teuer, dass ich kein schlechtes Gewissen haben musste, dass mir nichts selbst eingefallen war. Doch schon als ich den Flakon aus dem Paket aus- und in Geschenkpapier umpackte, schwante mir Böses. Endgültige Gewissheit hatte ich, als meine Frau an ihrem Geburtstag damit im Bad verschwand und mir hernach erwartungsvoll ihr Dekolleté zum Beschnuppern hinhielt. „Das ist der Duft von Ute!“, sagte ich. „Ja“, sagte meine Frau, „den fand ich schon immer toll, aber sie hat mir erst neulich verraten, wie er heißt!“

Meine Frau hatte sich geruchsmäßig in die beste Freundin meiner Frau verwandelt. Das war keine Lappalie. Der Geruchssinn ist evolutionär älter als andere, und deswegen begann meine Wahrnehmung zu wackeln. „Sie sieht aus wie deine Frau“, sagte mein Auge, „sie spricht wie deine Frau“, sagte mein Ohr. „Sie fühlt sich sogar an wie deine Frau“, sagte meine Hand, und meine Zunge meinte, sie schmecke auch so, aber der Stubenälteste unter den Sinnen, der Geruchssinn, schüttelte den Kopf. „Sorry, Leute! Es ist Ute!“

Am schlimmsten war es nachts. Geruchsmäßig mit der Freundin der eigenen Frau im Bett zu liegen verwandelte das brave Ehebett in ein Sudellager von verruchtester Untreue, und ich war oft daran, mitten in der Nacht aufzuspringen und zu rufen: „Ute, ich bin verheiratet!"

Auch die morgendliche Verabschiedung wurde kühler, da ich das Duftdouble der besten Freundin meiner Frau nicht umarmen mochte. Beim Wäschewaschen legte ich Stücke beiseite, weil ich unbewusst, wenn auch wahnsinnigerweise davon ausgehen musste, Ute hätte ihre Feinwäsche bei uns vergessen. Es brauchte Monate voller Irritationen, bis ich einen Weg fand, meine Frau von diesem Parfüm zu heilen.

Es kostete mich wieder eine Stange Geld, und ich musste mich mit dem Mann einer Arbeitskollegin anfreunden, was total schwierig war, weil der Mann eigentlich keine Freunde hatte, und zwar zu Recht. Ich trat sogar noch in seinen Modellbauzirkel ein. Alles nur, damit meine Frau eines Abends zu mir sagen konnte: „Du kennst doch die Sch…, diese blöde, intrigante F…, die mir damals diesen Riesenauftrag weggeschnappt hat? Und soll ich dir sagen, was die bei der letzten Besprechung trug?"

Ich rätselte so kunstvoll, wie ich nur konnte. „Mein Parfüm!“, rief meine Frau und trug es nie wieder.

Jo Berger

Ferienwohnung mit Licht

Es ist unvermeidlich. Drei- bis viermal im Jahr feiert irgendein Familienmitglied des ersten bis zweiten Verwandtschaftsgrades Geburtstag und man findet sich ein.
Die Lokalität wechselt dabei konstant. Mal ist es die Wohnung meiner Eltern, mal unsere, mal der Balkon meiner Eltern Gerda und Heiner oder unsere Terrasse. Gelegentlich darf es auch mal ein Restaurant sein. Allerdings nur, wenn das Restaurant bekannt, der Koch gut und meinem Vater ebenfalls bekannt ist. Meines Vaters Urteil bezüglich diverser Lokalitäten begründet sich grundsätzlich und in jedem Fall auf Preis, Nähe der Gaststätte sowie Größe und Konsistenz der Schnitzel und des Kochs. Bevorzugt sind Kegelbahnen mit Anschluss an die Gastronomie und Schützenvereine.
„Des schmeckt oa fascht so gud wie bei de Gerda, sach ich. Un kaschte duts beinoh nix. Da geh mer gern hi, gell Gerda“, pflegt Heiner zu loben, wenn es seinen Geschmack getroffen hatte, reichlich und günstig war.

Das Schicksal legte meinen diesjährigen Geburtstag auf einen Dienstag. Ich mag Dienstage. Nur nicht an meinem Geburtstag. Die obligatorische Einfindung meiner Eltern fand auf unserer Terrasse statt. Nachdem ich morgens meine Kollegen bereits mit reichlich Kuchen und Gebäck beglücken durfte, selbst gekauft versteht sich, denn von einer perfekten Hausfrau bin ich ungefähr so weit weg wie Papua-Neuguinea von Toiletten mit fließend Wasser, schnitt ich am Nachmittag den frisch aufgetauten Käsekuchen an.
Bitte glauben Sie nun nicht, meine Eltern wären mir auch nur im Ansatz zuwider. Nein, im Gegenteil. Ich liebe sie, wie eine Tochter ihre Eltern nur lieben kann. Mit all ihren kleinen Fehlern und liebenswerten Macken, welche im Alter bisweilen unangenehm deutlich zutage treten können. Ich trenne sie nur strikt von meinem Freundeskreis, der an meinen Geburtstagen zu einem anderen Zeitpunkt geladen wird. Aus Kostengründen und um unerträgliche Gesprächsspitzen zu vermeiden.
Es klingelt. Der Hund öffnet die Tür. Das Kind stürzt hinterher. Mein Mann brüllt: „Deine Eltern sind da." Schnell lege ich noch Servietten neben die Teller und bearbeite den Käsekuchen mit den Fäusten. Wirkt authentischer. Dann sprinte ich ebenfalls zur Tür.

Es ist ein heiteres Willkommen. Küsschen links, Küsschen rechts. Die stets selbstlose Ella will wissen, ob Opa auch ihr Geschenke mitgebracht hat, während der Hund an Oma Gerda hochspringt und versucht, ihr die Lefzen zu lecken. Mein Mann hilft seinem Schwiegervater Heiner aus der Jacke. Bei Gerda hat das bereits der Hund erledigt. Ich krieche dazwischen und versuche, die eine Hand meiner Mutter zu ergattern, weil an der anderen meine Tochter hängt und dabei ist, Oma in ihr Zimmer zu ziehen, um ihr die neue Bettwäsche zu zeigen.
Dieser altüberlieferte Tumult spielt sich auf ungefähr 1,5 qm Flur ab und der Hund findet meinen Vierfüßlerstand so ansprechend, dass er versucht, mich zu besteigen. Ein beherzter Brüller meines Mannes hält ihn jedoch vom Schlimmsten ab. Schließlich findet jedes Wangenküsschen seinen Platz, die Jacken hängen an der Garderobe, Geburtstagswünsche werden an mich übermittelt und das jährliche Geldgeschenk nebst Söhnlein Brillant wurde erfolgreich übergeben. Ella ist sauer, weil keiner ihre Bettwäsche bewundern will, und der Hund sitzt mit Peniskrampf im Garten.
Ich seufze. Auch das geht vorüber.
„Der Kuche iss awer gud“, lobt mich Papa, „hoscht den selwer gebagge?“

Mein Mann springt für mich in Bresche: „Schmeckt der wie gekauft, Heiner?"
„Ah nä, isch frog jo nur."
„Noch Kaffee?", lächele ich meine Mutter an.
„Nee, Kind", winkt sie ab, „du weißt doch, so spät am Nachmittag ... dann schlaf ich wieder nicht."
„Die verträgt des nimmer, die Gerda. So is des, wemmer ald wird", sinniert Heiner.
Gerda nickt bedeutungsschwer. „Na ja, man muss schon auf die Ernährung achten. Man weiß ja nicht, wie lange man noch lebt ..."
Meine Tochter Ella verdreht die Augen und kaut Käsekuchen.
„Wie war denn euer Urlaub?" Mein Mann wechselt galant das Thema. Ich habe einen guten Ehemann. Er erspürt negative Schwingungen sofort und steuert dagegen. Ich steuere immer direkt drauf zu. Wir ergänzen uns. Aber ich schweife ab ...
Unwissentlich gibt er damit den Startschuss für einen von Heiners gefürchteten Monologen. Mein Vater richtet sich auf, holt Luft und langsam, ganz langsam schraubt sich sein Zeigefinger in Position.
„Mama?" Mit messerscharfer Beobachtungsgabe gesegnet erkennt mein cleveres Kind die Situation auf Anhieb und versucht, sich zu retten.

„Darf ich raus spielen? Ich bin satt."
„Klar", sage ich neidvoll und entlasse sie mit einem huldvollen Wink in die Freiheit.
„Also des häds bei uns frieher net gewwe", entrüstet sich Heiner und sein Zeigefinger zuckt wie der Stab eines Dirigenten. „Mir häwwe am Tisch sitze bleiwe misse, bis ..."
„Wo wart ihr in Urlaub?" Mein Mann beugt sich nach vorne und blickt meinen Vater interessiert an. Wie macht er das nur? Ich lehne mich zurück, schaue alles andere als begeistert und atme tief. Das soll helfen, habe ich in einer Frauenzeitschrift gelesen. Tief ins Chakra atmen. Da ich nicht weiß, welches von den sieben Hauptchakren genau gemeint ist und wo es sich befindet, suche ich es im Käsekuchen. Gleichmäßiges Kauen beruhigt ebenfalls, stelle ich fest.
„Ja, wo warmer in Urlaub?", kläfft mein Vater ungläubig. „Do wo mer immer sin. Seid drei Johr jetz schun."
Besänftigend schiebt sich meine Mutter dazwischen: „Ach, Heiner, lass doch", und zu uns gewandt, „beim Häuserwirt im Schwarzwald. Ihr wisst doch, der mit der nur einen Ferienwohnung."
Wir nicken eifrig und haben nicht den Hauch einer Ahnung.
Heiner schlägt begeistert mit der Hand auf den Tisch:

„Also des iss ä super Wohnung!“ Kurze Pause. „Awwer pass uff! Die derfter net in Fäsbuck oder im Internet oder so zeige, gell. Sunschd griehe mer die vielleicht nimmer, wenn die donn jeder will.“ Er schiebt eine weitere, dieses Mal jedoch mahnende Pause ein. Das Gewicht der Worte soll sich setzen.

„Die hot alles, die Wohnung. Ä Kisch mit Gscherrspielmaschien un e riese Schlofzimmer mit äm riese Bett. Jo, allerdings ...“ Heiner taxiert meinen Mann mit kritischem Blick. „Fer disch könnte es a bissl eng werden, so um do so uff die Seit ans Bett zu kumme, mit deiner Größ und deiner Breite ...“

„Wie? Ich bin doch nicht breit?“ Mein Mann ist sichtlich belustigt. Ich bin peinlich berührt und rühre meinen Kaffee um. Das mache ich bereits seit mehreren Minuten. Wieso eigentlich?

„Ja nä, ich mähn doch so vom Zugang zum Bett her und so. Ist ein bissl eng, aber mir reicht des.“

„Ach so ...“, allgemeines Nicken. Nur nicht näher drauf eingehen.

Heiner fährt fort mit seiner Lobeshymne auf das Traumdomizil: „Ach, un des Wohnzimmer. So ein großes Wohnzimmer. Net altmodisch. Eher ... modern. Und ein Leddersofa, also Kunschdledder. So ä großes Ums-Eck-Sofa. Gemütlich und ...“

„Ach, und das Licht“, schwärmt meine Mutter dazwischen, „wenn man da das Licht anmacht, das ist ja so gemütlich, so gemütlich. Da kann man abends sitzen … Ach, so gemütlich.“
Heiner reißt den Arm hoch, wedelt mit dem Zeigefinger und pflichtet ihr begeistert bei. „Die Terrass, die Terrass. So schee. Wonn du do drausse hogscht …“
„Ja, so gemütlich, gell? Und das Licht …“ Mutters Augen glänzen.
„Möchte jemand ein Bier?“, fragt mein Mann. Ich nicke benommen. Eigentlich trinke ich kein Bier.
„Des is so schee, wonn du do hogscht. Gut, ja, die Aussicht is net so toll, weil do de Parkplatz direkt vor de Terrass liegt, aber …“
„… das Licht. So gemütlich“, ergänzt Mama.
Prost, ein Bier aufs Licht!
Heiner nippt am dritten Bier, schüttelt den Kopf, als könne er es kaum fassen. „Also, die Wohnung … so was Gudes.“
„Und das Licht!“
„In de Kisch steht'n riese Tisch. Do konscht dro sitze.“ Heiner wackelt mit dem Kopf. „Un die Leit, die am Fenschter vorbeilaufe, die störe net.“
Gerda nickt zustimmend, ihr Blick ist nach innen gerichtet. Sie weilt sicher im Schwarzwald. Beim Licht.

„Wisst ihr, die Wohnung liegt im Suttereng, do kenne die Leit net so nei gucke, wonn se vorbeilaafe. Auch net ins Schlofzimmer. Awwer mer sinn echte Friehuffsteher, gell Gerda?"
Frühaufsteher? Wer? Habe ich etwas verpasst? Kurz eingenickt?
„Wieso Frühaufsteher?", frage ich perplex.
„Ah, weil mer donn de Briefträger net hören."
Nun ist auch mein weiser, stets jeder Situation gewachsener Mann irritiert: „Briefträger?"
„Ja, weil doch die Brietkäschde direkt am Schlafzimmer sin. So vun ausse. Verschdehscht?"
Gerda lächelt erhaben. „Ja, wenn der Briefträger morgens um sechs Uhr die Briefe einwirft, dann sind wir ja schon lange wach."
„De friehe Vogel... kennt er doch, des Sprichword, gell?"
Müde lächle ich meinen Vater an. Was will ich eigentlich? Andere zahlen für so was Eintritt. Scheiß aufs Glas. Ich trinke das Bier jetzt aus der Flasche.
„Und das Licht, so gemütlich!"
Prost.

Hendrik Groen

Eierlikörtage

Das geheime Tagebuch des Hendrik Groen, 83¼ Jahre

Mittwoch, 4. September

Einer von unseren Hausmeistern ist nur unwesentlich jünger als die Heimbewohner. Trotzdem redet er ständig von „den Alten“ und führt sich auf, als wäre er der Chef des ganzen Ladens. Dabei ist er noch nicht einmal richtiger Hausmeister, sondern „Sicherheitsmitarbeiter“. Nichts tut er lieber, als Menschen anzusprechen, die gegen die Regeln verstoßen.

Ich bin mit Evert spazieren gegangen. Evert hat die Gewohnheit, mit seinem Rollstuhl einfach weiterzufahren, wenn die Schiebetüren vor seiner Nase zugehen. Dann gehen sie nämlich von selbst schnell wieder auf. Das ist Hausmeister Post (so heißt er) ein Dorn im Auge.

„Sie müssen entweder schneller fahren oder länger warten“, sprach er Evert in strengem Ton an.

Ganz langsam blickte Evert auf, kniff kurz die Augen zusammen, als wollte er schärfer sehen, und sagte dann: „Sie haben da einen Popel an der Nase.“

Ich stand daneben und erstickte fast.

Es entstand ein Augenblick der Verwirrung.
Würde der Hausmeister die Bemerkung ignorieren? Und was würde er sonst tun?
An der Tür drehten wir uns noch mal um. Er musterte gerade den Finger, mit dem er seine Nase inspiziert hatte.
„Bisschen weiter rechts", sagte Evert.
Um es mit C. A. Helder zu sagen: „Portier *c'est mourir un peu.*"

Ich habe so viel Alkohol eingekauft, dass es für drei Geburtstage reicht. Lieber zu viel als zu wenig. Mit einem Freund wie Evert bekommt man das früher oder später ja doch ausgetrunken.

Donnerstag, 5. September
Geboren am 5. September 1929. Ich feiere heute meinen vierundachtzigsten Geburtstag. Evert stand um neun vor der Tür, oder vielmehr saß er vor der Tür in seinem Rollstuhl, mit einem Tablett auf dem Schoß, auf dem ein Frühstück stand. Ein rührender Anblick. Croissants, Zwieback, Brot, Tee, Orangensaft und Prosecco.
Das meiste hat er, nach Absingen eines extrem schiefen „Hoch soll er leben", selbst aufgegessen und ausgetrunken. Ich bin kein großer Frühstücker.

Für heute Abend habe ich mir ein paar Stühle vom Haushaltsdienst geliehen. Stehplätze auf einer Geburtstagsfeier schienen mir in unserem Alter nicht so angemessen. Die meisten Bewohner feiern ihren Geburtstag unten im Freizeitraum. Die Gäste sitzen dann am großen Tisch und bekommen ein Stück Kuchen, während sich die übrigen Bewohner so nah wie möglich dazusetzen, in der Hoffnung, dass ein paar Krümel für sie abfallen. Ein trauriger Anblick. So was kommt für mich nicht infrage. Dann lieber etwas beengter in meinem Zimmer sitzen, aber ohne Topfgucker.

Ich habe für Freitag, den 13., einen Golfgruppenkurs für acht Personen gebucht. Ich hoffe, dass genauso schönes Wetter wird wie heute, dann ist die Chance auf einen erfolgreichen Ausflug groß. So ganz sicher, ob ich wirklich eine gute Wahl getroffen habe, bin ich nicht, denn Golfspielen mag zwar ein geeigneter Sport für Senioren sein, aber nicht jeder Senior eignet sich zum Golfspielen. Ich kann bloß nicht mehr zurück, denn bezahlt hab ich schon.

Freitag, 6. September

Um halb eins in der Nacht musste ich – selbst nicht mehr ganz sicher auf den Beinen – einen angeschickerten Evert in seinem Rollstuhl in seine Wohnung zurückbringen. Evert hätte lieber gleich bei mir übernachtet, „dann trinken wir noch einen kleinen Absacker“.

Das schien mir keine so gute Idee. Auf dem Flur fing er an, „Land of Hope and Glory“ zu singen, sodass ich heute schon wieder erwarte, wegen Lärmbelästigung zur Direktion zitiert zu werden.

Ansonsten war es ein gemütlicher Geburtstag. Ich habe Essen für zwei Tage und Getränke für zwei Monate übrig behalten. Die Themen kann ich vorläufig also etwas ruhiger angehen.

Der Plan, eine Reise für unseren Club zu organisieren, hat sich gerade verlaufen. Ich werde mich nächstes Frühjahr ernsthaft daranmachen.

Dafür wäre es in erster Linie wichtig, bis Juni am Leben zu bleiben. Ich nehme mir also vor, mich nicht vom Tod aus dem Feld schlagen zu lassen, zumindest nicht dem von anderen. Wenn ich selbst tot bin, kann meine Urne im Bus auf dem Armaturenbrett stehen.

„Er saß immer so gern am Fenster.“ Stimmt zwar nicht, klingt aber lustig.

Heidi List

Das Leben mit meinem Geburtstag

Mein Geburtstag hat ein sehr schwieriges Verhältnis zu mir. Er dürfte ein Selbstwertproblem haben oder ein schlecht aufgearbeitetes Trauma. Es liegt vielleicht daran, dass er nicht mein Geburtstag sein hätte sollen. Der Kaiserschnitt meiner Mutter war für den 25. November geplant. An dem Tag brachen sich aber der gesamte Ort + Gäste beim Schilaufen den Haxen, das ganze Bezirkskrankenhaus arbeitete in der Gipserei. Und so musste mein Geburtstermin verschoben werden. Seitdem ist er sauer, der Geburtstag. Er fühlt sich durch meine Existenz gestört. Er denkt sich Jahr um Jahr aus, wie er mich verblüffen, verletzen oder sonst wie kriegen könnte. Er muss ein Subdepressiver sein, das liegt auch ganz einfach daran, dass er ist, wer er ist: der 26. November. Das ist eigentlich schon das ganze Malheur. Es ist der Internationale Bluestag, der No-Go-Tag, der Decke-über-den-Kopf-und-nicht-mal-aufs-Klo-geh-Tag, der Nix-und-niemand-wird-jemals-gut-Tag. Der 26. November ist der Tag, an dem weltweit der Höhepunkt an Pleiten und kumulierten

Herbst- und Winterdepressionen stattfindet. Jeder Tag davor ist näher am Sommer und reicher an körperlichen Vitamin-D-Reserven. Jeder Tag danach geht schon Richtung Advent, man ergibt sich in die Weihnachtskekseelegie und wird gemütlich. Am 26. November aber will man nur weinen. Ich kenne auch sonst niemanden, der am 26. November Geburtstag hat. Meine Mit-Geburtstagskinder haben wohl aufgegeben, wahrscheinlich schon mit 6 oder so, und den Tag gewechselt. Und feiern im Juni, da, wo alle schön und glücklich sind.

Als Tiroler Landkind am 26. November Geburtstag zu haben, war ohnehin der Wahnsinn. Wenn es dort schneit, dann schneit es richtig. Wir wohnten auf einer Anhöhe in einer kleinen Marktgemeinde im Pillerseetal. Meine Eltern waren „Fremde“, so heißen die, die von woanders kommen und sich niederlassen, auch wenn sie das für Jahrzehnte tun. Im Nachhinein kann ich sagen, das hat uns ein bisschen an Akzeptanz und sozialem Austausch gekostet. Das und die Tatsache, dass wir auf einer Anhöhe wohnten, nicht sehr nahe am Ortskern. Wenn es schneite, dann kam niemand mehr zu uns herauf. Meine Kindergeburtstage fanden also eher im engsten Rahmen statt, meine Eltern feierten mit meiner Schwester und mit mir. Eine Party wurde mir für später in Aussicht gestellt. Ich warte noch auf ca. 14 solche Feiern.

Einmal, ich muss so 8 oder 9 Jahre alt gewesen sein, wurde es wirklich spannend, denn es lag kein Schnee. Schönstes Wetter, warmer Föhn am 22., 23., 24. und auch am 25. November. Ich lud zehn Kinder aus meiner Klasse ein und malte mir die schönste Gartenparty der Welt aus, so, wie sie meine Schwester jedes Jahr hatte, das Maikind. Am Morgen des 26. November konnte man nicht aus dem Fenster sehen. Zumindest nicht, wenn man was entdecken wollte. Über Nacht hatte es wirklich meterweise Schnee heruntergehaut, Massen, unbewältigbar für Schaufeln, Bagger und anscheinend auch Telefonleitungen. Denn ich erinnere mich, dass wir für alle zehn Kinder deckten und dann warteten. Aber niemand kam. Und niemand konnte absagen. Ich habe das gar nicht schlimm in Erinnerung, es war nur bizarr. Irgendwann am Nachmittag läutete eine einsame, völlig durchfrorene Figur an der Haustür. Es war Robert, der Nachbarssohn, mit einem Apfel in der Hand. Das war sein Geschenk für mich, denn besorgen konnte man heute keines mehr. Es war der schönste und kostbarste Apfel der Welt, viele Jahre hob ich ihn heimlich auf, bis er viele Jahre später komplett versteinert aus einem Umzugskarton kollerte.

Schon damals bahnte sich an, was mein Geburtstag im Laufe meines Lebens zur Perfektion bringen würde: mich zu verstören. Mich, die ich dafür geboren war, um in diesem narzisstischen Trara zu schwelgen, die in der Nacht vor meinem Geburtstag nie schlafen konnte vor Aufregung und Vorfreude, später auch ein wenig aus Angst, ausgerechnet ich hatte als Geburtstag einen Snob, der mich nicht wollte und alles tat, um sich unbeliebt zu machen, immer unwichtiger zu werden und eines Tages völlig in Vergessenheit zu geraten.

Ich begann, den Kampf aufzunehmen. Ich dachte nicht daran, eine dieser Personen zu werden, die behaupteten, Geburtstag wäre ihnen unangenehm oder unwichtig oder sogar schrecklich. Ich schwor mir, absolut immer jeden Geburtstag zu feiern, koste es, was es wolle, und zwar sehr wohl mit meinen Freunden. Ein paar wenige lassen sich nach wochenlangen Ankündigungen meinerseits dazu überreden. Hier ein kleines gestreutes „Ach, das wäre ja ein nettes Lokal für das Geburtstagsessen“, da ein „Ach, das Täschchen könnte ich mir doch selber zum Geburtstag schenken“. Ich machte ihnen das Feiern mit mir schmackhaft mit Essenseinladungen und Gratis-Konzertkarten, einmal bot ich einer Freundin sogar einen Dreier mit meinem damaligen Freund an. Nichts. Die Leute wollen an dem Tag verenden, um am nächsten in Weihnachtsvorfreude und voller Tatendrang und Gedanken an Geschenke, Dekos und Essen aufzuerstehen. Verirrt sich doch irgendein barmherziges Wesen auf meine Feiern, dann mit Sicherheit ohne Geschenk und murmelt etwas von „nächste Woche, Geld und per Post, diesmal aber sicher“. Ich habe ca. 150 solche imaginären Geschenke. Manchmal male ich mir aus, was das sein könnte. Das Poesiealbum von damals, als ich sechs war, das noch besorgt werden hätte müssen. Oder ein Auto, weil ich doch 18 wurde. Oder ein Auto, weil ich doch 20 wurde. Oder ein Auto, weil ich doch 25 wurde. Weil ich 30 wurde, 35, 40. Nächstes Jahr aber kommt es, das Auto, bestimmt. Oder ein Fahrrad? Okay, Einrad? Eine Klingel wenigstens?

Mit den Jahren wurde mein Geburtstag raffinierter, um mich zu zermürben. Einmal küsste ich da eine Frau, es schmeckte wie Watte. Da wusste ich, ich war uninteressant, weil nicht einmal bi.

An meinem 21. Geburtstag starb meine Großmutter. Sie war schwer krank und hatte im Vormonat ihren Sohn, meinen Onkel, begraben müssen. Am 25. November verabschiedete sie sich und meinte, sie ginge jetzt zu ihm. Ich tätschelte ihre Hand, dachte derweil an meine Freunde, die ich womöglich bald treffen würde. Am nächsten Tag fand ich sie. Sie war mir einfach zum Geburtstag weggestorben.

Im Jahr darauf, am 26. November, zog es mich am Abend vor die Türe ihres Hauses im 1. Wiener Gemeindebezirk. Ich wollte alles noch einmal auf mich wirken lassen. Schauplätze aufzusuchen hilft ja manchmal. Ich weinte so ein bisschen vor mich hin, es war eine wunderschöne Wiener Schneenacht. Langsam spazierte ich vom Lobkowitzplatz über die Herrengasse in Richtung Michaelerplatz. Mir fiel auf, es war viel Blaulicht unterwegs und der Himmel wurde orange. Da stand ich plötzlich vor den brennenden Redoutensälen. Jemand drückte mir einen Lipizzaner in die Hand. „Helfen Sie uns, wir müssen die Pferde wegbringen!“ Ich glaube, das war die unglaublichste Nacht meines Lebens. Absurd, traurig und wunderschön. Ich bildete mir ein, ich hätte das Abenteuer meiner Großmutter zu verdanken, die mir doch noch ein Fest für Mädels bescheren wollte, mit Feuerwerk und Pferden.

Es folgten wieder Jahre der vergeblichen Bestechung von Mitfeieranten. Fixe Freunde vergaßen ihn und wurden zu Exfreunden. 1997 sah es kurz so aus, als hätte der Wind oder auch die Laune des 26. November sich gedreht. Meine Schwester hatte da den Geburtstermin ihres ersten Kinds. Es war unglaublich spannend, der ganze Tag war voller Erwartung und Vorfreude. Und wirklich, um 23:45 kam er daher oder sie zogen und quetschten ihn raus. Er verdankte den

Umständen seiner Geburt einen harten, sturen Schädel mit Hang zum Tunnelblick, der ihm im Laufe seines Lebens nicht immer gut bekam. Aber er hatte es geschafft. Ich hatte einen kleinen Neffen zum Geburtstag bekommen! Yay! So eine Freude, danke, 26. November, du bist geheilt, du kannst jetzt schön sein. Dachte ich kurz. Dann ging es meiner Schwester auf einmal sehr schlecht und das Kind kriegte Gelbsucht und... ach ja.

Die Geburtstage in den Folgejahren feierte ich dann eher in Krabbelstuben, Bällebädern oder fror mir den Hintern auf Eislaufplätzen ab. Und schäumte vor Zorn, dass mir das Balg den Geburtstag und daher die Wichtigkeit gestohlen hatte. Ich war ja nicht mehr das Kind in der familiären Hierarchie.

Es folgten noch viele weitere große und kleine Tragödien am 26. November. Depressive Verstimmungen, die mich nicht aufstehen ließen, Haustiere, die partout an dem Tag tödlich verunglückten, Systemabstürze von Computern, die es unmöglich machten, Gratulationen zu empfangen, oder eine Party, die unbesucht blieb, weil die Haustürglocke kaputt und das Handy versehentlich auf stumm geschaltet war. Es gab einen wirklich gut geplanten Geburtstag, den ich nicht einmal selber bezahlen musste, es war ein runder. Man flog mich nach Norwegen, um mich im besten Restaurant der Welt essen zu lassen. Zehn Minuten vor Beginn der Feier bekam ich Bauchkrämpfe und musste zusehen, wie mein Begleiter sich zwei komplette Menüs inklusive Weinbegleitung hineinstellte. Danach war nur mehr Taxi möglich. Später war ich Mutter und musste zusehen, dass sich die Kinder an meinem Geburtstag nicht langweilten.

Und doch: Nun ist Zeit, sich zu entschuldigen. Es tut mir leid, Geburtstag, du hast einfach eine andere Seele als ich. Ich bin eher oberflächlich mit einem Hang zur Begeisterung. Ich habe mich zeit meines Lebens so verhalten, als hätte ich am 11. Juni Geburtstag. Das ist einfach zu viel verlangt, man kann aus einer Maus keinen Mann machen. Der 26. November kann nur das, was er kann. Und er bemüht sich auf seine eigene schrullige Weise. Er ist dramatisch und spannend, er ist scheu, kann aber aufdrehen, wenn er will. Tod, Geburt, zerstörte Hoffnungen, Neuanfänge, das ganze Drama, das man Leben nennt. Er hat alles drauf. Am nächsten 26. November habe ich einen eckigen Geburtstag. Also einen runden plus 5. Ich werde ihn jetzt lassen. Ich gehe ohne ihn feiern, und zwar am 25. und dann noch einmal am 27. Und ich schaue, was er dann so treibt. Vielleicht überrascht er mich eines Tages mit Leichtigkeit, warmem Wetter und 150 eingepackten, also auch tatsächlich erworbenen Geschenken, überreicht als Überraschung von einer gut gelaunten Meute an Feieranten. Oder ich bleib im Bett und lese ein Buch, ein Geschenk an mich.

Sören Sieg & Axel Krohn

Als das Wünschen noch geholfen hat

Junge Frau und junger Mann, offensichtlich Geschwister, im Café.
Mann: Sag mal, was haben Mama und Papa dir eigentlich zum Geburtstag geschenkt?
Frau: Äh, wieso?
Mann: Nee, sag doch mal.
Frau: Den Renault. Wieso?
Mann *(entsetzt)*: Den Renault?
Frau: Ja, ihren alten. Sie haben sich doch 'n neuen gekauft.
Mann: Aha.
Frau: Wieso, ist irgendwas? Was haben sie dir denn geschenkt?
Mann: Ein Handrührgerät.
Frau *(etwas bedröppelt)*: Okay.
Pause. Schweigen.
Frau: Was hattest du dir denn gewünscht?
Mann: Handrührgerät. Und du?
Frau: Den Renault.

Mark Twain

Britische Festlichkeiten

Nachdem ich den Niagarafall in Augenschein genommen, begab ich mich auf das kanadische Ufer. Hier traf ich im ersten Hotel mit dem Major des 42. Füsilierregiments und einem Dutzend anderer strammer und gastfreier Engländer zusammen, die mich einluden, im Verein mit ihnen den Geburtstag der Königin zu feiern. Dazu war ich mit Freuden bereit; ich versicherte, dass ich sämtlichen Engländern, die ich je kennengelernt habe, sehr wohlgesinnt sei, für die Königin aber hege ich Bewunderung und Verehrung, wie alle meine Landsleute. Eine Schwierigkeit würde sich jedoch kaum beseitigen lassen: Ich sei nämlich ein grundsätzlicher Gegner von berauschenden Getränken und wisse nicht, wie ich in den schwachen Flüssigkeiten, an die ich gewöhnt sei, einem solchen Geburtstag die gebührende Ehre antun solle.

Der Major kratzte sich den Kopf und unterwarf die Sache einer langen und reiflichen Überlegung, es schien jedoch kein erdenkliches Mittel zu geben, das Hindernis aus dem Wege zu räumen. Mir anzuraten, meinen

Grundsätzen auch nur zeitweilig untreu zu werden, dazu war er ein Mann von viel zu hoher Bildung. Endlich sagte er jedoch: „Ich hab's! Trinken Sie Sodawasser."

Dabei blieb es denn. Wir versammelten uns in einem großen, prachtvoll mit Fahnen und grünen Pflanzen ausgeschmückten Saal und nahmen an der Tafel Platz, welche mit leiblichen Genussmitteln, in fester sowohl als flüssiger Form, reich beladen war. Unter witzigen Toasten und trefflichen Reden blieben wir bis lange nach Mitternacht beisammen. Ich war in meinem ganzen Leben nicht so vergnügt und trank 38 Flaschen Sodawasser. Aber mir scheint, das ist doch kein recht geeignetes Getränk zu stärkerem Verbrauch. Als ich am nächsten Morgen aufstand, war ich voll Gas und so straff gespannt wie ein gefüllter Luftballon. Von meinen Kleidungsstücken passte mir nichts mehr – ausgenommen mein Regenschirm. Nach dem Frühstück fand ich den Major wieder mit großartigen Vorbereitungen beschäftigt. Auf meine Frage, was sie zu bedeuten hätten, erfuhr ich, es sei der Geburtstag des Prinzen von Wales, der am Abend festlich begangen werden müsse. Wir feierten ihn also; waren wider mein Erwarten sehr lustig dabei und brachen auch diesmal erst nach Mitternacht auf. Des Sodawassers war ich überdrüssig, ich hielt mich an Limonade und trank mehrere Quart.

Man sollte denken, Limonade in Masse genossen müsse dem Menschen besser bekommen als Sodawasser. Aber das ist ein Irrtum. Am Morgen hatte sie mir den ganzen Magen durchsäuert und meine Zähne so stumpf gemacht, dass ich nichts beißen konnte; es war gerade, als hätte ich den Kinnladenkrampf. Dabei fühlte ich mich schrecklich unwohl und schwermütig.
Bald nach dem zweiten Frühstück traf ich den Major bei neuen Vorbereitungen. Als er sagte, es sei der Geburtstag der Prinzessin Helene, verbarg ich meinen Kummer.
„Wer ist die Prinzessin Helene?“, fragte ich.
„Tochter Ihrer Majestät der Königin“, erwiderte der Major.
Ich leistete keinen Widerstand. Am Abend fand die Geburtstagsfeier der Prinzessin Helene statt. Sie dauerte wie gewöhnlich bis tief in die Nacht hinein und ich war wirklich sehr vergnügt. Aber Limonade konnte ich nicht mehr vertragen. Ich trank einige Kübel voll Eiswasser aus.
Am Morgen hatte ich Zahnschmerzen, Krämpfe, Frostbeulen, dazu noch immer stumpfe Zähne und eine ziemlich große Menge Gas im Innern. Den unermüdlichen Major fand ich aber schon wieder am Werk.
„Wem soll denn das gelten?“, erkundigte ich mich.

„Seiner königlichen Hoheit, dem Herzog von Edinburgh“, lautete die Antwort.
„Sohn der Königin?“
„Ja.“
„Und heute ist sein Geburtstag? – Sie irren sich doch nicht?“
„Nein, die Feier findet diesen Abend statt.“
Ich unterwarf mich dem neuen Verhängnis. Die Festlichkeit ging vor sich und ich trank ein halbes Fass Apfelwein. Als ich mich am andern Morgen mit mattem, von der Gelbsucht gefärbtem Blick umschaute, gewahrte ich gleich zuerst den Major wieder bei seinen nie endenden Vorbereitungen. Da brach mir das Herz und ich zerfloss in Tränen.
„Wen sollen wir denn heute beweinen?“, fragte ich.
„Die Prinzessin Beatrice, Tochter der Königin.“
„Halt“, rief ich, „jetzt ist es an der Zeit, nähere Erkundigungen einzuziehen. Wie lange wird wohl die Familie der Königin noch herhalten? Wer kommt zunächst auf der Liste?“
„Ihre königlichen Hoheiten der Herzog von Cambridge, die Prinzessin Royal, Prinz Arthur, die Prinzessin Mary von Teck, der Großherzog von Mecklenburg-Strelitz, die Großherzogin von Mecklenburg-Strelitz, Prinz Albert Viktor –“

„Genug!", unterbrach ich ihn. „Der Mensch kann viel ertragen, doch alles hat seine Grenzen. Ich bin nur ein Sterblicher. Mit jedem meines Geschlechts will ich's aufnehmen; aber wer alle Mitglieder dieser Familie feiern und noch am Leben bleiben kann, der muss mehr sein als ein Mensch – oder weniger. Wenn Sie das alle Jahre durchzumachen haben, so danke ich Gott, dass ich in Amerika geboren bin; ein Engländer zu sein ertrüge ich bei meiner Leibesbeschaffenheit nicht. Ich kann mich an dem Unternehmen nicht länger beteiligen; meine Auswahl an Getränken ist erschöpft. Ja, für mich gibt es kein Getränk mehr, und doch müsste noch auf das Wohl so vieler angestoßen werden! Kein Getränk mehr – und wir stehen sozusagen erst im Vorhof der Familie. Es tut mir wahrhaftig leid, mich zurückzuziehen, aber die bittere Not treibt mich dazu. Ich bin mit Gas gefüllt, meine Zähne sind lose im Munde, ich leide an Krämpfen, an Skorbut, an Zahnweh, Masern, geschwollenen Backen und Kinnladenkrampf, auch habe ich von dem Apfelwein gestern die Cholera bekommen. Meine Herren, trotz der besten Absicht von der Welt bin ich wirklich nicht in der Verfassung, die übrigen Geburtstage mitzufeiern. Ich muss um eine Pause bitten."

Wladimir Kaminer

Mutters Geburtstag

„Ich möchte dieses Jahr überhaupt nicht groß feiern, und extra kochen möchte ich auch nicht. Wer kommt, der kommt. Ich kaufe einfach einen der tollen Marmorkuchen aus der Bäckerei Harmonie. Oder vielleicht bringt ja jemand selbst einen Kuchen mit."

Wir besprachen mit Mama ihren bevorstehenden Geburtstag, und sie war melancholisch gestimmt. „Ich werde achtundachtzig Jahre alt. Wer hätte gedacht, dass ich es so weit bringen würde trotz Krieg, Hunger und Not. Ich glaube, das Auswandern hat mich verjüngt."

Meine Mutter war mit sechzig aus der Sowjetunion nach Deutschland gekommen und betrachtete diesen Umzug als Beginn eines neuen Lebens. „Wenn es so weitergeht, werde ich womöglich sogar neunzig. Niemand von meinen Freundinnen und Freunden hat das geschafft. Jetzt ist das Wichtigste, sich nicht behexen zu lassen", meinte meine Mutter. Ich wusste sofort, was sie meinte. Ab einem bestimmten Alter gilt es als schlechtes Omen, seine Geburtstage zu opulent zu feiern. Die Mutter meiner Mutter hatte ihren Siebzigsten in einem kaukasischen Restaurant namens Rioni in Moskau gefeiert, mit Musikkapelle, freier Getränkeauswahl und hauseigenem Feuerspucker. Danach waren das Geburtstagskind und etliche Gäste im Krankenhaus gelandet.

„Ich möchte ganz bescheiden zu Hause bleiben, im kleinen Familienkreis feiern und keine Einladungen verschicken. Allerdings wünsche ich mir schon sehr, dass meine Enkelkinder mich besuchen, und zwar freiwillig – also von allein, nicht von ihren Eltern gezwungen. Sie könnten einfach so vorbeikommen und fragen: ‚Hallo Oma, wie geht es dir? Sollen wir dir vielleicht einen Marmorkuchen aus der Bäckerei Harmonie bringen?‘ Sie kommen mich ja sonst nie besuchen."

„Aber, Mama", sagte ich zu ihr, „das ist leider der normale Lauf der Dinge. Die Jugend ist zu sehr mit sich selbst beschäftigt, sie denkt nicht an die Großeltern. Nirgendwo auf der Welt gehen junge Menschen freiwillig ihre Omas besuchen. So eine Jugend gibt es nicht."

„Es gibt sehr wohl so eine Jugend", erwiderte meine Mutter. „Da kenne ich Geschichten … die von Rotkäppchen zum Beispiel!"

Ich wäre beinahe vom Stuhl gefallen, so unerwartet kam das.

„Liebe Mutti, Rotkäppchen ist eine Märchenfigur, die sich frustrierte Omas ausgedacht und dann den Gebrüdern Grimm ins Ohr geflüstert haben. Du glaubst doch nicht wirklich, dass das Mädchen mit dem Kuchen freiwillig durch den dunklen Wald zu seiner Oma gegangen ist. Bestimmt wurde sie von ihrer alleinerziehenden Mutter unter Druck gesetzt. Wahrscheinlich hatte die Mutter finanzielle Schwierigkeiten und wollte bei der Oma ein wenig Geld pumpen, weil Omas bekanntlich sehr sparsam leben und immer etwas auf der hohen Kante haben. Nachdem sie sich aber vor Jahren zerstritten hatten, weil die Oma Rotkäppchens Vater nicht leiden konnte, hat sie ihre Tochter losgeschickt. ‚Hier, nimm den Kuchen und ab zu Oma!', hat sie gesagt. ‚Und setz deine rote Kappe auf, damit sie dich überhaupt erkennt.'
Ganz sicher ist es so gewesen. Rotkäppchen hatte bestimmt erstens keine Lust, allein durch den Wald zu laufen, und zweitens noch weniger Lust, das rote Käppchen zu tragen, das völlig aus der Mode war. Nur kleine Kinder und komische Tanten trugen noch rote Käppchen. Aber sie musste sich dem Willen der Mutter beugen, denn sie war minderjährig und hatte kein Mitspracherecht. Außerdem konnte das Mädchen seine eigene Oma nicht einmal von einem Wolf unterschei-

den. Was sagt uns das? Das Enkelkind und die Oma hatten einander vorher wahrscheinlich nicht allzu oft gesehen."

„Ich wünsche mir trotzdem, dass meine Enkel kommen", bestand meine Mutter auf ihrem altmodisch romantischen Weltbild.

„Mal sehen, was sich machen lässt", nickte ich knapp.

Abends telefonierte ich mit meiner Tochter. Ich näherte mich dem Thema lieber von Weitem.

„Na, Nicole, wie geht es dir, Liebes?"

„Mein Leben ist die Hölle", meinte sie. „Gestern hatte ich den schlimmsten Tag meines Lebens."

Sie hatte endlich ihr Seminar in Ethnologie über „Gender und Migration" hinter sich gebracht, in dem es darum ging, dass alle Menschen Migranten waren und sich außerdem jeden Tag ein anderes Geschlecht aussuchen konnten, so wie man im Geschäft neue Hosen anprobierte. Danach hatte meine Tochter drei Stunden Fahrunterricht. Der Fahrlehrer hatte sie gelobt, sie könne inzwischen besser bremsen als ihr Altersdurchschnitt, sie sei geradezu eine geborene Bremserin. Dann war er, ein Kettenraucher, aus dem Auto gestiegen, um eine Zigarette zu rauchen, während Nicole ganz alleine einparken lernen sollte, und zwar richtig nah am Bordstein. Nachdem der Fahrlehrer eine Schachtel Marlboro aufgeraucht hatte, hatte sie es fast geschafft. Abends musste sie fünf Stunden im Prater kellnern, riesige Weihnachtsgänse durch die Gegend schleppen und nachts noch nach Frankfurt an der Oder fahren, weil ihr alter Freund Lucas Geburtstag hatte. Er hatte sie bereits ein halbes Jahr zuvor eingeladen, aber vergessen, ihr mitzuteilen, dass er zwischenzeitlich umgezogen war. Kurzfristig die Einladung abzusagen wäre nicht freundschaftlich gewesen, also fuhr Nicole nach Frankfurt/Oder und gegen Morgen wieder zurück. Die ganze Zeit tat ihr das linke Ohr weh, weil sie sich die Ohrmuschel hatte piercen lassen, was viel mehr schmerzte als ein Bauchnabelpiercing, da Ohrmuscheln keine Fettschicht haben. Prompt konnte sie nachts nur auf der rechten Seite schlafen. „Sonst geht es mir aber gut", meinte die Tochter, „alles picobello."

„Liebe Nicole", sagte ich, „bald hat deine Oma Geburtstag. Könntest du dir vorstellen, sie zu besuchen und eine halbe Stunde lang Rotkäppchen zu spielen? Den Kuchen gebe ich dir natürlich mit."

„Und was genau soll ich tun? Soll ich sie wirklich fragen, warum sie so große Ohren hat?" Meine Tochter hielt das für keine gute Idee.

„Nein, das musst du nicht. Du fragst sie nur, wie es ihr geht", sagte ich.

„Das kann ich machen“, meinte die Tochter, „es wird aber nichts bringen, weil Oma mich nicht hören kann. Jedes Mal, wenn wir uns treffen und ich sie laut grüße, fragt sie im besten Fall nach, was ich gerade gesagt habe. Oma mag ja große Ohren haben, aber hören tut sie mich trotzdem nicht. Sie schaut russische Krimiserien auf voller Lautstärke, sodass die Nachbarn verzweifelt an die Tür klopfen, weil sie denken, in ihrer Wohnung würden wie am Fließband Russen umgebracht. Und selbst wenn sie mich hört, versteht sie mich nicht. Sie fragt dann dich, was ich gerade gesagt habe, und redet in meiner Anwesenheit von mir in der dritten Person.“

„Gut, aber sie sieht dich und freut sich darüber“, konterte ich. „Oma hat noch gute Augen.“

„Oma sieht mich auch nicht“, konterte Nicole. „Als ich mir neulich zu Halloween die Haare blau gefärbt hatte, hat sie es nicht einmal bemerkt.“

„Ich verspreche dir, wenn du dir die Haare rot färbst, wird sie es merken“, sagte ich.

„Ich möchte mir die Haare aber nicht rot färben, das machen nur Kinder und komische Hartz-IV-Tanten aus Weißensee. Ich bin für wärmere Farben, kann mich aber zwischen Grün und Blau nicht entscheiden.“

An Omas Geburtstag klingelte es an der Tür, und Nicole, das süßeste Enkelkind mit blaugrün gefärbten Haaren, einem vom Piercing angeschwollenen Ohr und einem Marmorkuchen aus der Bäckerei Harmonie, erschien, küsste die Oma, lächelte sie an und führte einen großartigen Small Talk durch. Mutters Katze, ein dicker nordamerikanischer Maine-Coon, saß auf dem Teppich zu Omas Füßen und fauchte das blaugrüne Rotkäppchen an.

„Wer solche Katzen hat, braucht keine Wölfe mehr", schüttelte das Rotkäppchen den Kopf und ging auf den Balkon eine rauchen.

Horst Evers

Mein Leben in dreizehn Berufen:
Träger der Ausrüstung des Fotolokaljournalisten (1983)

Während wir zu meinem ersten Einsatz fahren, beglückwünscht mich Herr Gruber, der dreiundsiebzigjährige Fotograf des Diepholzer Kreisblattes, zu meinem Berufseinstieg: „Da hast du aber wirklich Glück. Gleich als Erstes ein hundertster Geburtstag. Die sind hier nicht so häufig. Höchstens einer im Quartal. Wenn's hoch kommt. Ich hatte auch schon ganze Jahre ohne. Neunzigste sind öfter. Ist ja logisch. Zum Neunzigsten kommen wir obligatorisch. Ab dem Hundertsten dann jedes Jahr. Zwischendrin, also zum Fünfundneunzigsten zum Beispiel, eigentlich nur, wenn gerade lange keine Hundertsten mehr waren oder wahrscheinlich kommen werden. Wobei, eigentlich kommen die sicher. Also, wenn sie mal angekündigt sind. Denn die Erfahrung zeigt: Wer, sagen wir mal, achtundneunzig wird, wird auch hundert. Ist wirklich wahr. Ich mache das jetzt über dreißig Jahre, und ich habe noch nie erlebt, dass, wenn ich Anfang des Jahres die Liste kriege mit den Leuten im Landkreis, die hundert werden sollen, einer vor seinem Geburtstag noch gestorben wäre.

Macht man dann einfach nicht mehr. Wer mal so weit gekommen ist, macht dann auch die Hundert voll. Komme, was da wolle. Da sind die Alten eigen. Mit neunundneunzig macht keiner den Schirm zu. Kannste aufm Friedhof die Grabsteine durchgehen. Findste keinen, der mit neunundneunzig eingezogen ist. Aber nicht, dass du jetzt denkst, gleich nach der Doppelnull ginge dafür das Sterben los. Von wegen. Praktisch bei allen Hundertjährigen war ich auch noch zum hundertersten Geburtstag. Bis auf eine Ausnahme. Und das war ein Verkehrsunfall. Die meisten sehen mit hunderteins sogar noch deutlich besser aus als mit hundert. Ungelogen. Irgendwie gelassener. Als wenn sie jetzt, wo sie nicht mehr den Stress haben mit dem Unbedingt-hundert-werden-Wollen, noch mal ganz entspannt aufblühen könnten. Aber denn, mit hunderteins, setzt wohl doch die große Leere ein. Die Erfahrung zeigt: Zwischen hunderteins und hundertdrei sterben sie wie die Fliegen. Also sehr seltene Fliegen. Klar. Aber wirste denn ja jetzt die nächsten Jahre auch alles selber sehen." Herr Gruber redete, ohne Luft zu holen. Ja, eigentlich sogar, ohne zu atmen. Ich hatte überhaupt noch nie jemanden gesehen, der so wenig atmete wie Herr Gruber. Das lag sicher an seinem Beruf, erklärte ich mir. Fotografen atmen nicht. Weil sonst ja die Aufnahme verwackelt. Vermutlich lernen sie das in ihrer Ausbildung, dachte ich. Bis heute erwische ich mich dabei, wie ich Fotografen, die viel atmen, für nicht so gut ausgebildet halte.

Herr Gruber hielt mich für aufgeweckt. Aus diesem Grund hatte er mir diesen Job gegeben. Obwohl sich „Hunderte“ darum beworben hatten. Zumindest behauptete er das. „Hunderte, hör mir auf. Was hier los war!“

Ich war schon überrascht, dass es so viele sechzehnjährige Jungs oder Mädchen im Landkreis gab, die sich für solch eine schlecht bezahlte Stelle interessierten. Von denen ich zudem auch keinen Einzigen kannte. Seltsam war das schon. Und erst recht, dass ich von denen dann der Beste gewesen sein soll. Ich war noch nie bei irgendwas der Beste gewesen. So fühlte sich das also an. Der Beste zu sein. Ein komisches Gefühl, das, wie so vieles, übrigens auch viel besser ist, wenn man davon träumt, als wenn man es erlebt.

„Wenn ich das richtig sehe“, ich schaute in unseren Tagesplan, „haben wir hinterher aber auch noch einen achtzigsten Geburtstag.“

„Ja, die achtzigsten. Ha. Eieiei. Die achtzigsten. Die sind natürlich noch mal eine Sache für sich.“ Herr Gruber zögerte kurz und fuhr dann im Ton höchster

Vertraulichkeit fort: „Die achtzigsten sind heikel. Denn wir können natürlich nicht über jeden achtzigsten Geburtstag berichten. Is ja klar. Daher müssen die Achtziger besondere Kriterien erfüllen, wenn sie es in die Zeitung schaffen wollen: Landkreisprominenz, viele Vereinsmitgliedschaften, Beziehungen oder das Wichtigste: Abonnent."

Das leuchtete mir sofort ein. Immerhin kannte ich persönlich gleich drei Familien, die die Kreiszeitung nur noch abonnierten, weil die Großeltern Ende siebzig waren und auf keinen Fall den Zeitungsbericht zum runden Jubeltag riskieren wollten. Einen Tag vorher kamen die Journalisten, und pünktlich am Geburtstag selbst war dann der Artikel im Lokalteil. Mit Foto. Sodass es sich alle Gäste auf der großen Feier anschauen und darüber reden konnten. Da war was los! Jeder in der Redaktion wusste, es waren letztlich die runden Geburtstage der Senioren, die Gold-, Diamant- und Eisenhochzeiten sowie fünfzigjährigen Vereinsmitgliedschaften, die den freien unabhängigen Journalismus im Landkreis Diepholz finanzierten.

Eine enorme Verantwortung also für uns, umso ungeheuerlicher erschien mir das, was Herr Gruber als Nächstes sagte: „Wenn du willst, kannst du das Interview mit Herrn Fuchs, dem Hundertjährigen, führen.

Während ich die Fotos mache.“ Er sagte das wie nebenbei. Als wäre ihm das mal eben gerade eingefallen. Mir jedoch gefror das Blut in den Adern. Als könnte Herr Gruber meine Gedanken lesen, fuhr er fort: „Ist nicht schwer. Wichtig ist nur eine Frage, die du stellen musst: ‚Was ist denn Ihr Geheimnis, wie man hundert Jahre alt wird?‘ Die Antwort brauchen wir für die Überschrift. Es gibt sieben mögliche richtige Antworten. Zu mindestens einer davon musst du das Geburtstagskind sanft hinlenken und es denken lassen, es sei seine eigene Idee gewesen. Die möglichen richtigen Antworten sind: viel lachen; viel arbeiten; die große Liebe gefunden haben; viel Zeit mit Kindern verbringen; viel Zeit mit Tieren verbringen; jeden Tag ein Glas Wein; oder jeden Sonntag das Kreuzworträtsel im Diepholzer Kreisblatt machen. Mehrfachnennungen sind möglich, wenn du das Kreuzworträtsel unterbringst, freut sich unser Chef. Das wäre dein Schaden nicht. Ich mach dann noch ein Foto, wie das Geburtstagskind uns zuprostet. Fertig ist die Laube. Reden kannst du sonst mit ihm über alles, außer Tod und Krankheit. Berichte über hundertste Geburtstage müssen vor Vitalität nur so strotzen. Das ist das Thema: gesunde Lebensfreude! Nicht das Thema ist: Tod. Gib den Jubilaren bloß niemals die Möglichkeit aufzuzählen, wer alles keine hundert geworden, also vor ihnen gestorben ist. Ganz wichtig! Wenn die damit einmal angefangen haben, hört das nie wieder auf. Außerdem sind dann die Familien der früher Verblichenen sauer, weil ihre Alten die Hundert nicht gepackt haben und plötzlich wie Loser dastehen."

Herr Gruber sagte wirklich „Loser". Daran erinnere ich mich ganz genau, denn es war damals äußerst ungewöhnlich, dass Siebzigjährige solche Worte benutzten. Überhaupt war er der Einzige in diesem Alter, der englische Musik hörte. Bei allen anderen im Dorf galt er deshalb auch als etwas verschroben. Für mich jedoch war klar, dass Herr Gruber unvorstellbar viel über die andere Welt wusste und ich eine Menge von ihm lernen konnte.

Bis heute, glaube ich, war ich nie wieder so nervös wie damals, als ich auf Fuchs' Hof aus dem Auto ausstieg. Kurze Zeit später stellte ich zitternd einem unübersehbar desinteressierten Hundertjährigen Fragen, die praktisch ausnahmslos von seiner auch schon beinah sechzigjährigen Enkelin beantwortet wurden. Mehr weiß ich nicht mehr. Was aber auch keine Rolle spielt, da ja am nächsten Tag das Interview erschien. Ein Interview, das sich im Wesentlichen um den hervorragenden Gesundheitszustand des Jubilars drehte und

um seine Enkelin, deren liebevolle Pflege neben dem täglichen Schnaps das Geheimnis seiner hundert Jahre sei. Es endete mit der festen Überzeugung des Interviewers, Herrn Fuchs im nächsten Jahr am hundertundersten Geburtstag wieder zu sprechen. Dazu ein feines Foto mit mir, dem Jubilar und einem Korn. Es war, laut Herrn Gruber, ein wirklich schöner runder Bericht, gegen den man nichts sagen konnte.
Wäre Herr Fuchs nicht in der Nacht vor seinem hundertsten Geburtstag überraschend verstorben. Der Artikel war natürlich nicht mehr zu stoppen. Wie auch? Er wurde zum vielbeachteten Höhepunkt der Trauerfeier. Kichernd soll die Zeitung dort von Hand zu Hand gegangen sein. Die Enkelin störte sich vor allem daran, dass ich sie im Wesentlichen verantwortlich für den Gesundheitszustand des nunmehr Verstorbenen gemacht hatte. Zudem musste ich mir in der Redaktion noch lange Zeit anhören, ich hätte Herrn Fuchs vermutlich irgendwie zu Tode interviewt.
Herr Gruber riet mir, das Ganze mit Humor zu nehmen. Auch wenn das in diesem Fall wohl schon der Humor der anderen war. Dann legte er: „The Night They Drove Old Dixie Down“ von „The Band“ in den Kassettenrecorder. Ich überlege bis heute, was er mir damit mitteilen wollte.

Die Familie Fuchs jedenfalls hat noch am Abend des hundertsten Geburtstages ihr Abonnement des Diepholzer Kreisblattes gekündigt.

Elke Heidenreich

Rollschuhe

Meine Großmutter väterlicherseits war sehr schlagfertig. Sie ist 99 Jahre alt geworden, kurz vor ihrem hundertsten Geburtstag sah sie all die Vorbereitungen, die getroffen wurden, und sagte: „Jetzt hab ich keine Lust mehr, und auf den ganzen Blödsinn, den ihr da plant, schon erst recht nicht" – legte sich ins Bett und wachte einfach nicht mehr auf.

Als sie neunzig geworden war, hatten alle sie gefragt: „Oma, was wünschst du dir denn zum Geburtstag? Gibt es irgendetwas, was dir richtig Freude machen würde?" Sie wusste, es würde wieder nur warme Wolldecken, Eierlikör und Pantoffeln geben, und sagte zu meinem Vater, dem lustigsten ihrer Söhne: „Was soll ich mir wünschen, vielleicht Rollschuhe?"

Natürlich schenkte er ihr Rollschuhe, und sie war außer sich vor Vergnügen. Als der Bürgermeister der Stadt Essen mit Fresskorb, Blumen und Fotograf kam, ließ sie sich stolz mit den Rollschuhen auf dem Schoß ablichten und bestand darauf, dass in der Zeitung erwähnt wurde: „Am meisten freute sich die Jubilarin über ihre neuen Hudora-Rollschuhe.“ In der Schule wurde ich gefragt: „Ist das wahr? Deine Oma fährt Rollschuh?“

„Na klar“, sagte ich.

So fängt ja Geschichtenerzählen oft an.

Quellen

Jo Berger, Ferienwohnung mit Licht, aus: Jo Berger, Das liegt am Wetter. Sammelband © bei der Autorin.

Ilse Gräfin von Bredow, Von der Wiege bis zur Bahre, aus: Ilse Gräfin von Bredow, Das Hörgerät im Azaleentopf.
© 2009, S. Fischer Verlag GmbH, Frankfurt am Main.

Lukas Dottendorf, Auf der Rückreise, aus: Stephan Koranyi, Gabriele Seifert (Hrsg.), Gute Tage, schöne Stunden – Feriengeschichten
© 2014 Philipp Reclam jun. Verlag GmbH, Ditzingen.

Horst Evers, Mein Leben in dreizehn Berufen: Träger der Ausrüstung des Fotolokaljournalisten (1983), aus: Horst Evers, Wer alles weiß, hat keine Ahnung © 2021, Rowohlt · Berlin Verlag GmbH, Berlin.

Hendrik Groen: Eierlikörtage. Das geheime Tagebuch des Hendrik Groen, 83 ¼ Jahre. (Auszug 4. September bis 6. September), aus: Hendrik Groen: Eierlikörtage – Das geheime Tagebuch des Hendrik Groen, 83 ¼ Jahre. Übersetzt von Wibke Kuhn
© 2016 Piper Verlag GmbH, München.

Elke Heidenreich, Rollschuhe, aus: Elke Heidenreich, Alles kein Zufall. Kurze Geschichten. © 2016 Carl Hanser Verlag GmbH & Co. KG, München. S. 158, mit freundlicher Genehmigung von Carl Hanser Verlag GmbH & Co. KG.

Franz Hohler, Der Geburtstagskalender, aus: Franz Hohler, Der Enkeltrick. 2021 Luchterhand Literaturverlag, München © beim Autor.

Wladimir Kaminer, Mutters Geburtstag, aus: Wladimir Kaminer, Rotkäppchen raucht auf dem Balkon … und andere Familiengeschichten © 2020 Wilhelm Goldmann Verlag, München, in der Penguin Random House Verlagsgruppe GmbH.

Wir danken den Autor:innen und Verlagen für die freundliche Abdruckgenehmigung.